Hans Hartmut Schmidt

Gruppenleitung

Einfühlsam und zielgerichtet leiten

ONCKEN VERLAG WUPPERTAL UND KASSEL

GemeindePocketGuide

Herausgegeben von Michael Noss

Mit Karikaturen von Thees Carstens

© Oncken Verlag Wuppertal und Kassel 2001
Umschlag: Ralf Krauß, Remsek-Aldingen
Satz: Factory · B. Lieverkus, Remscheid
Druck: Druckhaus Harms, Groß-Oesingen
ISBN 3-7893-7431-8
Bestell-Nr. 627431

Inhaltsverzeichnis

1. Der Leiter – das Vorbild

Eine christliche **Ortsgemeinde** stellt ein **Netzwerk** von vielen kleinen und großen Gruppen mit den unterschiedlichsten Aufgaben, Interessen und Bedürfnissen dar.

Ziel aller Gruppen ist es, am Weiterbau des Reiches Gottes mitzuwirken. Die Art und Weise wie Gruppen geleitet werden, ist für die Qualität einer Gemeinde von entscheidender Bedeutung.

Gruppenleiter sind Trendsetter

Sie sind **Multiplikatoren** und **Vorbilder**.
Sie **gestalten den Informationsfluss** innerhalb der Gemeinde.
Ohne ihre wohlwollende Mitarbeit ist die Gemeindeleitung hilflos.
Sie **bestimmen** weitgehend den Umgangston und **die Atmosphäre** in den Gruppen und darüber hinaus.

Ein Gruppenleiter verstärkt durch sein bewusstes und mehr noch durch sein unbewusstes Verhalten positive wie auch negative Entwicklungen bei den Gruppenmitgliedern.

»*Schön, dass Sie da sind. Ich mache Sie gleich mit den anderen Teilnehmern bekannt.*«
Ein Gruppenleiter der offen und freundlich auf Gäste zugeht, wird ähnliches Verhalten bei den anderen Teilnehmern auslösen.

Ein Gruppenleiter hingegen, der über die Gemeindeleitung herzieht und über Versäumnisse jammert, wird sehr schnell Nachahmer innerhalb der Gruppe finden. Viel Zeit geht dabei verloren. Die Atmosphäre ist verpestet. Ein konstruktives Arbeiten in der Gruppe wird erschwert.

Gruppenleiten – kein lockerer Job

Ob in der Kinderstunde, im Seniorenkreis, ob in der Frauenarbeit, im Chor, ob in Arbeitskreisen oder in sonstigen Gruppen, die Gruppenleiter sind maßgeblich daran beteiligt, wie stark und dicht die Knoten im Netzwerk Gemeinde geknüpft werden.

> *Die Art und Weise wie Gruppen geleitet werden, ist für die Qualität einer Gemeinde von entscheidender Bedeutung.*

Gruppenleiter tragen eine große Verantwortung. »Schäfchenhüten« ist immer eine Herausforderung, kostet Zeit und Kraft – macht viel Lebenssinn und schenkt Erfüllung.

2. Jesus gegen den Mainstream

Im Handbuch für seine Nachfolger gibt Jesus **viele klare Anweisungen** für ein gutes Miteinander in seiner Gemeinde. Diese Anweisungen sind **revolutionär** und widersprechen dem Mainstream. Sie sind **an den echten Bedürfnissen** des einzelnen Menschen orientiert, sie sind lebensfreundlich, wirklich gut für jeden Menschen und **mit Jesu Hilfe real umsetzbar**!

Es geht immer zuerst um Liebe, nicht um Herrschaft und Macht!

Jesus:
»*Heute gebe ich euch ein neues Gebot: Ihr sollt einander lieben, so wie ich euch geliebt habe. An eurer Liebe füreinander wird die Welt erkennen, dass ihr meine Jünger seid.*« Johannes 13,34-35

Das heißt:
Jede Form von Gewalt ist geächtet!
Dienen – für andere da sein – ist in!
In der Gruppe gibt es keine Hackordnung!
Wo nur Diener sind, gibt es keine Herren!
Keine diplomatischen Tricks!
Kein Mobbing!
Angstmachen gilt nicht!
Klare transparente Entscheidungen auf möglichst breiter Basis!

Jesus:
»*Ihr wisst: Die Herrscher der Völker, ihre Großen unterdrücken ihre Leute und lassen sie ihre Macht spüren.* **Bei euch muss es anders sein!** *Wer von euch etwas Besonderes sein will, soll den anderen dienen, und wer von euch an der Spitze stehen will, soll sich allen unterordnen.*« Markus 10,43-44

Die Gesinnung Jesu – die ideale Gruppennorm

Jesus erwartet von seinen Leuten einen **absolut liebevollen Kommunikationsstil**.

Jesus:
»Wie die Liebe eures Vaters im Himmel, so soll auch eure Liebe sein: vollkommen und ungeteilt!« Matthäus 5,48

Da auch Gruppenleiter von Gott geliebte Menschen sind, dürfen auch sie Fehler machen und Gott vergibt ihnen ... und Gruppenmitglieder hoffentlich auch. Wie könnten es sonst Christen wagen, in der christlichen Gemeinde Leitungsaufgaben zu übernehmen! Wenn Gruppenleiter – und nicht nur die – bereit sind, sich von Jesus verändern zu lassen, lernen sie, ihre persönlichen Eitelkeiten, ihr Streben nach Macht, Ehre und Anerkennung abzubauen und eine Haltung der Demut einzuüben.

Demut – ein schwieriges Kapitel

Die Haltung der Demut ist ein lebenslänglicher Lernprozess hin zu der Erkenntnis und dem tiefen Gefühl, allein von Gott abhängig zu sein und weniger vom Applaus der Mitmenschen und den äußeren Umständen.
Hier klaffen Theorie und Praxis besonders bei Leitern schnell weit auseinander.

Gruppenleiter erliegen hier sehr leicht einer **Selbsttäuschung**:
Sie empfinden ihren hohen Einsatz als selbstlos.
Sie verzehren sich für die Gruppe und die Gemeinde. Dennoch ist ihr Hauptmotiv häufig ihre Ehre und Anerkennung und nicht die Liebe zu Jesus und den Mitmenschen.

Wie demütig bin ich wirklich?

Checks für Gruppenleiter

- Wie reagiere ich innerlich auf negative Kritik?

- Nehme ich eine Abwehrhaltung ein und versuche mich zu rechtfertigen?

- Fühle ich mich schnell persönlich angegriffen, verletzt?

- Wie viel bedeutet mir gefühlsmäßig Erfolg bzw. Misserfolg?

- Wie schwer fällt es mir, auf Kontrolle zu verzichten und Mitarbeitern und Gott zu vertrauen?

- Muss ich immer alles im Griff haben, wie weit kann ich gelassen sein?

- Wie gut kann ich Aufgaben delegieren?

- Wie weit gebe ich Mitgliedern Raum bei der Planung des Programms und der Tagesordnung eines Gruppentreffens?

- Wie, warum und wann mache ich Druck?

- Richte ich mehr Appelle an die Gruppe und zitiere entsprechende Bibelstellen oder hoffe ich mehr auf Einsicht und Wirken des Heiligen Geistes?

- Wie weit fühle ich mich Gruppenmitgliedern überlegen und bevormunde sie?

- Inwieweit wecke und fördere ich bei den Gruppenmitgliedern das Gefühl, mir persönlich verpflichtet zu sein?

- Wie oft bitte ich die Teilnehmer in der Gruppe um eine offene und ehrliche Rückmeldung über meine Art der Gruppenleitung?

- Worauf gründet sich meine Autorität, mehr auf mein Amt oder mehr auf die Einstellung der Mitglieder zu mir?

Hier geht's lang – Jesus nach
Leitlinien für eine liebevolle Kommunikation

Die Gemeinde ist der **Leib Christi**. Jede Zelle in diesem Organismus, jede Gruppe, jedes Gruppenmitglied hat einen Platz, eine Aufgabe für das Ganze. Keiner lebt in diesem Körper isoliert. Jeder wird getragen und trägt selbst zum Funktionieren des Ganzen entscheidend mit bei.

Paulus:
»Wenn ein Glied leidet, so leiden alle mit, und wenn ein Glied geehrt wird, so freuen sich alle Glieder mit.«   1. Korinther 12,26

Stimmt diese Aussage mit unserer Gemeindeerfahrung überein?

Schon eine kleine Verletzung am Finger kann ziemlich wehtun und uns beim Hantieren stören.
Auch scheinbar kleine Verletzungen einzelner Gruppenmitglieder beeinträchtigen das Miteinander in der Gruppe – zunächst vielleicht sogar von dem Betroffenen selber unbemerkt. Aber jede Wunde, die nicht verheilt, ist der Anfang einer Krankheit.

Jeder Konflikt, der nicht bearbeitet wird, eskaliert.
Jede positive Erfahrung einzelner Mitglieder baut die anderen mit auf.

Die Lebendigkeit einer Gemeinde wird davon bestimmt, wie die Gruppen und die Gruppenmitglieder untereinander von Freuden und Leiden erfahren und damit umgehen.

Wie können wir aneinander Anteil nehmen, wenn wir uns ängstlich verstecken, Masken tragen und nicht offen aufeinander zugehen, uns nicht ansehen und nicht gegenseitig zuhören?

Eine offene, partnerschaftliche, liebevolle Kommunikation wächst heran, wenn wir uns an die Leitlinien der Bibel halten.

Den Leitern kommt hier eine besondere Vorbildfunktion zu:

Der Gruppenleiter ist Teil der Gruppe.

- Er sitzt nicht auf dem Chefsessel und organisiert die Firma von oben.
- Er hat keine Vorrechte.
- Er ist gleichberechtigtes Glied wie alle anderen auch.
- Er ist der Diener aller!
- Er hat mehr Verantwortung und mehr Pflichten.
- Er ist hochgradig gefährdet, seine Macht und Einfluss zu missbrauchen.

So wie ich mir wünsche, von dem anderen behandelt zu werden, so will ich mich auch ihm gegenüber verhalten.

Für den Leiter gelten die biblischen Leitlinien ebenso wie für alle Gruppenteilnehmer:

Paulus:
»*Nehmt einander an, wie Christus euch angenommen hat zu Gottes Lob.*«   Römer 15,7

- Sich gegenseitig als Persönlichkeit ernst nehmen
- Konflikte offen und ehrlich austragen
- Aufeinander hören, richtig zuhören

Jesus:
»*So seht nur darauf, wie ihr zuhört!*«   Lukas 18,18

- Vierseitig hören (siehe Seite 27)
- durch Rückfragen sich vergewissern

Paulus:
»*In Demut achte einer den anderen höher als sich selbst, und ein jeder sehe nicht auf das Seine, sondern auch auf das, was dem anderen dient.*« Philipper 2,3-4

- Ehrlich, echt, authentisch sein

Paulus:
»*Legt die Lüge ab und redet die Wahrheit, ein jeder mit seinem Nächsten, weil wir untereinander Glieder sind.*« Epheser 4,25

- Ich muss mir meiner selbst bewusst werden.
- Wahrhaftigkeit, Eindeutigkeit, keine Heuchelei
- ehrliches Feedback geben
- »ichzen«
- Ich muss nicht alles von mir der Gruppe offenlegen.
- Aber das, was ich sage, muss ehrlich sein.
- offen sein – Vierseitig senden
- Risiken eingehen, das wahre Gesicht zeigen
- eigene Bedürfnisse, Befindlichkeiten, Gefühle erkennen
- Gefühle zulassen und mitteilen
- Bereitschaft, Feedback entgegenzunehmen
- persönliche Erfahrungen preisgeben

> *So wie ich mir wünsche, von dem anderen behandelt zu werden, so will ich mich auch ihm gegenüber verhalten.*

Vertraulichkeit

Was an sehr persönlichen Dingen in der Gruppe besprochen wird, bleibt in der Gruppe.
Wird Stillschweigen vereinbart, halten sich alle strikt daran.

Freiwilligkeit

Niemand wird direkt oder indirekt zu etwas gezwungen.
Keine Manipulation! Es wird mit offenen Karten gespielt.
Keine Tricks!

- Weniger Kontrolle, mehr Vertrauen, Zutrauen
- Einander vergeben

Paulus:
*»Seid untereinander freundlich und herzlich und vergebet einer
dem anderen, wie auch Gott euch vergeben hat in Christus.«*

Epheser 4,32

> *Vergebung ist die Grundlage aller Kommunikation zwischen uns und Gott und uns untereinander.*

Verletzungen, Missverständnisse, Fehler, Sünde, Konflikte kommen immer wieder vor. Habe ich mich schuldhaft verhalten, kann ich nichts besseres tun, als Gott und den Menschen um **Vergebung** zu bitten. Ist jemand an mir schuldig geworden, ist es für mich persönlich, für meine Beziehung zu Gott, zu dem anderen und zu der Gruppe das Beste, dem Schuldigen zu vergeben. **So werde ich frei von der Last des Nachtragens und werde nicht bitter.**
Durch Vergebung werden gestörte Beziehungen wieder heil.

Vergebung ist die Grundlage aller Kommunikation zwischen uns und Gott und uns untereinander.

Einander tragen, einander ertragen

Paulus:
»Einer trage des anderen Last, so werdet ihr das Gesetz Christi erfüllen.«
Galater 6,2

Alles Reden von der Liebe untereinander ist heiße Luft, wenn keine entsprechenden Taten folgen:

- sich gegenseitig ganz praktisch helfen
- einander aushalten, einander ertragen, nicht ausgrenzen
- sich bei Schwierigkeiten nicht abschotten und einigeln
- bereit sein, Lasten zu teilen, den anderen mitteilen
- sich entlasten, sich Kraft, Know-how und Zeit besorgen
- Freiräume schaffen, um helfen zu können
- den anderen im Gebet tragen und segnen

Verantwortung für die Gruppe und Gemeinde wahrnehmen

Als Teil am Leib Christi bin ich immer mitverantwortlich für das Geschehen in der Gruppe und in der Gemeinde.
Es gibt keine passiven Mitglieder!
Im Christsein gibt es keinen Stillstand.
Stillstand ist immer Rückgang.
Eine auf Eis gelegte Beziehung stirbt.
Ich muss für mich entscheiden, ob und wie ich mich einbringen will.

3. Grundpfeiler einer guten Kommunikation in der Gruppe

Das Fundament für eine gute Kommunikation in der Gruppe ist die **Liebe**, das **Ver- und Zutrauen zueinander**, die **gegenseitige Wertschätzung und Achtung** vor der Würde und Persönlichkeit des anderen. Nicht die einzelnen Taten und Worte sind entscheidend, sondern die Grundhaltung im Umgang miteinander:

segnen   den anderen Gott anbefehlen, d.h. auch ihn aus meinem Einflussbereich entlassen, ihn loslassen und ihm das Beste wünschen; Gutes voneinander und übereinander reden

beten   für den anderen beten, bitten; für die Bedürfnisse und Interessen des anderen vor Gott eintreten, an den anderen denken und sich mit ihm gedanklich beschäftigen

vergeben   dem anderen vergeben, Verletzungen ernst nehmen, beim Namen nennen und vergeben; dem anderen nichts nachtragen entlastet, macht den Weg frei für den Heilungsprozess der belasteten Beziehung; Vertrauen kann wieder wachsen

dienen   für den anderen da sein, d.h. ihn nicht beherrschen wollen; keine Rechthaberei, kein Machtkampf, kein Zwang

zuhören   den anderen wirklich verstehen wollen, d.h. ihn ausreden lassen, sich durch Nachfragen bei ihm über das richtige Verständnis vergewissern und dann erst den eigenen Standpunkt erläutern

mitverantwortlich handeln

Die Teilnehmer sind sich ihrer Mitverantwortung für das, was in der Gruppe geschieht bzw. was nicht geschieht, bewusst und bringen sich entsprechend ein. Sie verstecken sich nicht hinter der Leitung und überlassen das Geschehen einigen Aktivisten

offen sein   Interessen und Meinungen offen und ehrlich äußern – die Verschiedenheit akzeptieren; persönliche Ansichten frei und offen der Gruppe mitteilen, gegensätzliche und andere Meinungen stehen lassen, nicht abwerten; Konflikte konstruktiv bearbeiten, eine gemeinsame Lösung finden

direkt ansprechen

Wenn eine bestimmte Person aus der Gruppe gemeint ist, diese direkt ansprechen, keine Umwege! So werden Missverständnisse, das Entstehen von Misstrauen und Unsicherheit vermieden. Der Betroffene weiß Bescheid und kann entsprechend reagieren

»Ich« statt »Man«

In Ich-Form sprechen hilft einem selber, eine klare Position zu beziehen. Die anderen erkennen das Gesagte eindeutig als persönliche Meinung. »Man« vernebelt

Fragen begründen

Wenn Fragen begründet werden, trägt das zu einer Klärung der Verhältnisse bei. »Mir ist diese Frage wichtig, weil ich ...« Die anderen erkennen die Absichten des Fragestellers; keine Phantasien werden losgetreten; niemand fühlt sich heimlich bedrängt

kurz reden   Lange Monologe sind eine Belastung für die anderen, viele schalten ab. Kurze Beiträge werden besser von der Gruppe aufgenommen

4. Wer bin ich? Was will ich sein?

Wie werde ich als Gruppenleiter wahrgenommen?
(Umkreisen Sie im folgenden Bild rot, wie Sie nach Ihrer Auffassung wahrgenommen werden.)

Antreiber/Macher?

Selbstdarsteller?

Hampelmann?

Behütende Mutter?

Kontrolleur?

Diener?

Bruder/Schwester?

Lehrer?

Besserwisser?

Depp?

Handlanger der Gemeindeleitung?

Wie will ich wahrgenommen werden?
(Einen blauen Kreis um den Begriff, der Ihren Wünschen entspricht.)

Mannschaftskapitän?

Steuermann?

Boss?

Treusorgender Vater?

Moderator?

Organisator?

Teamer?

Lernhelfer?

Partner?

Laufbursche?

Erster unter Gleichen?

Wie leite ich?

Wohin tendiert mein Führungsstil ?

Ist er eher **prozessorientiert?**
Dabei steht die Liebe zu den Einzelnen (besonders den Schwachen) im Vordergrund; auf Machtmittel wird verzichtet; das Prinzip der Freiwilligkeit wird hoch geachtet. Der Weg ist mindestens so wichtig wie das Ziel.
Gefahr: Dabei kann das Ziel aus dem Auge verloren gehen;

   oder

eher **ziel-, erfolgs- und lösungsorientiert?**
Dabei steht das Erreichen des Ziels im Zentrum; der Führungsstil neigt zu einer klaren Struktur, aber auch zum »Gehen über Leichen«.

Leite ich eher durch den **Versuch, Menschen zu gewinnen, durch Vorbildsein und Gottvertrauen,**
Vertrauen auf Einsicht, Begeisterung, Engagement, Freiwilligkeit, Wirken des Heiligen Geistes,

   oder

mehr durch Appelle und Druck auf das Gewissen
Hinweise auf Verpflichtungen, Gesetze, Bibelstellen?

Schaffe ich **persönliche Abhängigkeiten** durch »Streicheleinheiten« und Bevorzugungen *einzelner* Teilnehmer (*»Das freut mich, wie Sie sich einbringen, das erleichtert meine Arbeit erheblich!«*),

   oder

weise ich auf die *gemeinsame* Verantwortung und das Vorrecht, am Reich Gottes mitzuarbeiten, hin?
»Ihr Einsatz bringt uns ein gutes Stück weiter!«

Wie ich als Gruppenleiter besser werden kann

- Regelmäßig Feedback geben lassen, Erfahrungen sammeln **und** auswerten!
- Kompetente Beratung in Anspruch nehmen
- Mit anderen Gruppenleitern austauschen
- Beten um Liebe, Weisheit und Geschick

Bevor Sie als Gruppenleiter einsteigen ...

fragen Sie sich in Bezug auf

... Sie selbst:
Was kann ich leisten?
Wo sind meine Grenzen?

... die Gruppenteilnehmer:
Was sind ihre Bedürfnisse, Gewohnheiten, Fähigkeiten?
Wie belastbar ist der einzelne?

... den Gruppenauftrag:
Was ist das Ziel der Gruppe?
Wie versucht die Gruppe bisher das Ziel zu erreichen?

... das System der Gemeinde:
Welche Werte werden besonders betont?
Wie ist der Informationsfluss?
Wie laufen die Entscheidungsprozesse?
Wer hat was zu sagen?
Wo gibt es Infos und Hilfen
für
Gebetsunterstützung · Weiterbildung
Literatur · Trainings
Seminare · Supervision
Austausch mit anderen Gruppenleitern
Coaching/Mentoring und andere begleitende Beratung?

5. Gruppenleiten – viel Kopf, viel Bauch, viel Kommunikation

Jede Gruppe in der Gemeinde ist ein Ort, an dem christlicher Glaube gelebt, erfahren, weitergegeben, gestärkt und auch zerstört wird.

Die oft schwierige Aufgabe des Gruppenleiters ist es, in der Gruppe für einen liebevollen Kommunikationsstil untereinander und für die Erfüllung des Gruppenauftrags zu sorgen.

Auf der **Sachebene** ist er für die **Organisation** der Gruppe verantwortlich.

Auf der **Beziehungs- und Gefühlsebene** achtet er auf die Besonderheiten und **Bedürfnisse** der einzelnen Gruppenteilnehmer.

Er motiviert, begeistert, tröstet, begleitet, ermutigt, befähigt und ermahnt.

Betend fördert er auf diese Weise die persönliche Entwicklung der Mitglieder hin zu der Persönlichkeit, wie Gott sie haben will und es für den Einzelnen optimal ist.

Ich sehe das, was du nicht siehst – unsere »Brille«

Aus der Fülle von Reizen und Informationen, die auf uns einstürmt, nehmen wir nur einen kleinen Ausschnitt bewusst wahr. Wie wir diese individuelle Auswahl an Informationen interpretieren, welche Schlüsse wir daraus ziehen, hängt von vielen Faktoren ab und ist dazu von Mensch zu Mensch sehr unterschiedlich:

- Sensibilität der Sinne
- persönliche Erfahrungen
- Vorurteile
- Sympathie
- emotionale Befindlichkeit
- Wertvorstellungen
- Gewissen
- Ziele

Das gesamte Verhalten des Gruppenleiters nehmen die Gruppenteilnehmer wahr:

- Haltung
- Körpersprache
- Mimik
- was er sagt, was er nicht sagt, wie er es sagt, ob er schnell oder langsam spricht
- wann und wie er Pausen macht
- sein Auftreten
- Kleidung
- körperlicher Zustand
- Ausstrahlung

Beim Vergleich der einzelnen Wahrnehmungen und ihren Deutungen kommen die Beobachter und Zuhörer zu oft zu sehr unterschiedlichen Ergebnissen.

Wer sieht und hört richtiger?

»Ich sehe das, was du nicht siehst!« – so ist es oft!
»Ich sehe das, was du anders siehst!« – so ist es immer!

Nur wenn wir uns über die unterschiedlichen Wahrnehmungen und Deutungen austauschen und verständigen, kann Kommunikation gelingen!

Auch ein Gruppenleiter mit noch so großer Menschenkenntnis und Lebenserfahrung muss sich immer wieder vergewissern, inwieweit seine Wahrnehmungen noch mit der Wirklichkeit übereinstimmen. Schnell kann ein Leiter den Blick für alltägliche Bedürfnisse der Gruppenmitglieder verlieren, weil er alle seine Sinne nur auf sein hohes Ziel ausgerichtet hat.
Kräftig marschiert er vorneweg, richtet starke Appelle an »seine Truppe«.
Auf einmal stellt er fest, er ist allein. Die Gruppe ist ihm nicht gefolgt. Er ist enttäuscht. Nun sieht er wieder »richtig«.

Gruppenleiter tun gut daran, bezogen auf die Wahrnehmung, sich ihrer Grenzen und Unvollkommenheiten immer bewusst zu sein. Dies bewahrt sie vor Selbstüberschätzung, autoritärem und lieblosem Verhalten.

Der Brillen-Check

- Durch welche Brillen sehe ich?
- Wo bin ich blind oder taub?
- Wo bin ich blauäugig?
- Wo bin ich übersensibel?
- Wen finde ich sympathisch, unsympathisch? Warum?
- Wie überprüfe ich meine Wahrnehmung?
- Sehe ich nur die »Kopfnicker« oder achte ich auch auf meine »scharfen Kritiker«?

Paulus:
»*Unser Wissen und die Deutung der Ereignisse ist immer nur Stückwerk. Unsere Wahrnehmung ist beschränkt. Wir sehen wie durch eine Mattscheibe. Erst bei Gott werden wir die wahre Wirklichkeit erkennen.*«   frei nach 1. Korinther 13,9+12

Nur sachlich geht es nicht

Alles, was an Kommunikation in einer Gruppe läuft, spielt sich auf der Sach- und der Beziehungsebene ab.
Eine nur sachliche Kommunikation gibt es nicht!

Die reinen Worte werden immer beeinflusst von vielen Faktoren, zum Beispiel:

Wortwahl:
> gehoben oder ordinär?

Wortklang:
> laut oder leise? Energisch oder müde?

Sprechtempo:
> schnell oder langsam?
> Länge der Pausen?

Körpersprache:
> Mimik, Gestik, Augenstellung,
> zugewandt, offen, verschlossen

Ort:
> Sitzungszimmer, Wohnzimmer, Flur

Zeitpunkt:
> vor, im oder nach dem offiziellen Teil des Treffens

Mithörer
> mehr privat, unter Freunden, öffentlich

Nur vierseitige Botschaften kommen gut an – meistens

Jede Mitteilung, die ich an andere weitergebe, hat mindestens vier Seiten:

BEZIEHUNGSSEITE Wie ich zu dir stehe

APPELLSEITE Wozu ich dich veranlassen möchte

SELBSTMITTEILUNGSSEITE Was ich von mir mitteile

SACHSEITE Worüber ich informiere

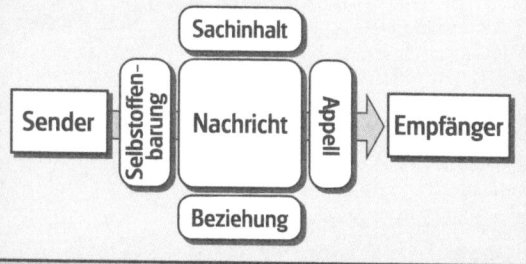

Beispiel

Der Gruppenleiter schmunzelt leicht und sagt zu Herrn Y:
»Sie vertreten da aber einen sehr ungewöhnlichen Standpunkt.«

So könnten die vier Seiten dieser Nachricht aussehen:

Beziehung: Ich stehe über Herrn Y. Ich weiß es besser.

Appell: Ändern Sie diesen Standpunkt! Werden Sie normal! Seien Sie lieber still!

Selbstmitteilung: Ich empfinde diesen Standpunkt amüsant, lächerlich, falsch. Ich habe da eine ganz andere Meinung.

Sachseite: Der Standpunkt von Herrn Y ist ungewöhnlich.

Mit diesem einen Satz löst der Gruppenleiter unbeabsichtigt eine Lawine von Gedanken und Phantasien aus. Das scheinbar harmlose Wörtchen »ungewöhnlich« und das Schmunzeln beinhalten eine Vielzahl von verdeckten Botschaften. Herr Y und die anderen Teilnehmer entschlüsseln nun diese Botschaft. Dabei sind sie allein auf ihre eigenen Erfahrungen angewiesen.

> *Vierseitig senden vermindert die Wahrscheinlichkeit von Fehldeutungen!*

Inwieweit ihre Ergebnisse mit dem Gemeinten übereinstimmen, bleibt offen.

Kommunikation ist ein **ständiges Hin und Her**:

Ständig werden Botschaften gesendet und empfangen.

Ständig werden verdeckte Botschaften entschlüsselt.

Ständig kommt es zwangsläufig zu Missverständnissen und Konflikten.

»Ja, so habe ich das nicht gemeint!« – Kennen Sie diesen Satz? Eine unnötige Störung in der Kommunikation der Gruppe tritt ein. Grund: Der Gruppenleiter hat nicht bewusst vierseitig gesendet. Die Zuhörer sind auf Spekulationen angewiesen.

Vierseitig senden vermindert die Wahrscheinlichkeit von Fehldeutungen!

- Inwieweit entspricht das Gesendete meinem Fühlen und Denken?

- Welche Seiten einer Nachricht bevorzuge ich?

- Inwieweit teile ich neben den Sachinhalten auch meine Gefühle und Interessen mit?

- Wie oft verstecke ich mich hinter Fragen und Appellen?

- Wie weit bin ich mir meiner Körpersprache bewusst?

- Versuche ich zu imponieren und stelle mich und meine Leistungen heraus

- oder stapele ich tief und will einiges verbergen?

- Drücke ich die Sachverhalte verständlich aus?

- Wie teile ich Teilnehmern meine Wertschätzung mit?

- Wie vergewissere ich mich, ob die Gruppe mich richtig verstanden hat?

- Wie oft fühle ich mich von Gruppenmitgliedern nicht richtig verstanden?

Vierseitig Hören garantiert guten Empfang

Wir hören mit mindestens vier Ohren. Jeder hört anders. Manchmal sind wir auf einem Ohr taub und auf einem anderen höchst empfindsam.

Der vierohrige Empfänger

SELBSTMITTEILUNGS-OHR

Was sagt der andere über sich selbst? Was ist mit ihm? Was ist das für einer?

SACH-OHR

Wie ist der Sachverhalt zu verstehen?

BEZIEHUNGS-OHR

Wie steht er zu mir? Wie redet er mit mir? Wen glaubt er vor sich zu haben?

APPELL-OHR

Was soll ich auf Grund seiner Mitteilung tun, denken, fühlen?

Beispiel:

Der Gruppenleiter schmunzelt leicht und sagt zu Herrn Y:
»Sie vertreten da aber einen sehr ungewöhnlichen Standpunkt.«

Ob Herr Y den Gruppenleiter »richtig« versteht?
Hat der Gruppenleiter versehentlich mehr gesagt als er eigentlich wollte?
Ist dem Gruppenleiter seine negative Einstellung zu Herrn Y bewusst?

Das könnte Herr Y mit seinen vier Ohren hören:

BEZIEHUNGS-OHR: Er macht sich lustig über mich. Er hält mich für dumm, naiv, weltfremd. Er meint, hoch über mir zu stehen.

APPELL-OHR: Ich soll meine Meinung ändern. Ich soll mich klein, minderwertig, unnormal fühlen.

SELBSTMITTEILUNGS-OHR: Er amüsiert sich über mich. Er ist sehr eingebildet. Er hat die richtige Meinung. Er ist der Chef.

SACH-OHR: Mein Standpunkt ist ungewöhnlich. Ungewöhnlich ist falsch.

Wie wird Herr Y reagieren?

Ist er beleidigt und zieht sich in sein Schneckenhaus zurück?

Schießt er zurück und beschimpft den Gruppenleiter?

Schmollt er und sinnt auf Rache?

Ist er stark genug und teilt dem Gruppenleiter in ruhigem Ton mit, dass er sich von ihm unfreundlich behandelt fühle?

So hätte der Gruppenleiter die Chance sich zu entschuldigen.

Die Kommunikationsstörung wäre behoben und die Kommunikation könnte noch besser weiterlaufen.

Durch die Offenheit des Herrn Y, der Entschuldigung des Leiters und der Vergebungsbereitschaft von Herrn Y wäre ein Stück Vertrauen mehr gewachsen.

»Haben Sie mich richtig verstanden?«

Diese Frage ist, wenn sie allein gestellt wird, vorsichtig formuliert, unlogisch!

Wie kann ich wissen, ob ich den anderen richtig verstanden habe?

Erst ein Abgleich des Gesagten mit dem Gehörten schafft Sicherheit!

Nicht was gesagt, was verstanden wird ist letztlich von Bedeutung!

Check: Schalte ich richtig auf Empfang?

- Auf welchem Ohr höre ich auch die feinsten Töne?

- Auf welchem Ohr bin ich leicht taub?

- Wie stark ist mein Beziehungs-Ohr über-
  dimensioniert?

- Empfinde ich mich häufig als Opfer
  und bin beleidigt?

- Achte ich sehr darauf, wie die Teilnehmer zu mir
  stehen?

- Fühle ich mich schnell als Helfer und Lösungs-
  bringer angesprochen?

- Empfinde ich oft, alle wollen was von mir?

- Möglicherweise ist das Appell-Ohr über-
  empfindlich. Warum?

- Höre ich in erster Linie,
  was der andere über sich sagt,

- um es dann mit mir und anderen zu vergleichen?

- Interessiert mich nur der Sachverhalt?
  Lassen Gefühle mich kalt?

- Wie vergewissere ich mich, ob ich den anderen
  richtig verstanden habe?

- Kommt es häufig vor,
  dass ich andere missverstehe?

Ichzen besser als Duzen

Wenn die Wahl besteht zwischen dem Senden einer Ich-Botschaft oder einer Du-Botschaft, ist das Ichzen immer besser. Geschieht dies noch vierseitig, ist die Wahrscheinlichkeit am höchsten, dass die Sendung korrekt ankommt.

Wir wissen nie genau, wie eine Du-Botschaft ankommen wird. Nicht selten löst sie bei dem Empfänger unerwartete Reaktionen aus.
Wir sind bei dem Empfänger in das berühmte Fettnäpfchen getreten.

Beispiel:

Zu Beginn des Treffens sagt der Gruppenleiter zu Frau Korrekt:

»*Sie haben gestern den Gruppenraum nicht abgeschlossen.*«

Die Reaktion auf diese Du-Botschaft kann sehr vielfältig ausfallen:

Entschuldigung: »*Ach, es tut mir ja so Leid ...*«
Tausend Rechtfertigungen: »*Das ist nur passiert, weil ...*«
Schuldzuweisung: »*Herr Y ist schuld, er wollte noch was holen, ...*
Leugnung: »*Ich hatte abgeschlossen. Da war noch jemand anders nach uns in dem Raum.*«
Angriff (»die beste Verteidigung«): »*Machen Sie's doch selber, Sie vergessen ja nie was!*«

Frau Korrekt würde es vermutlich leichter fallen zu ihrem Fehler zu stehen, hätte der Gruppenleiter eine Ich-Botschaft formuliert, z.B.:
»*Ich habe ein Problem, die Gruppenraumtür war heute offen. Ich mache mir wegen Dieben Sorgen. Könnte es sein, dass Sie, Frau Korrekt, es vergessen haben. Oder waren noch andere Gruppen im Haus?*«

Du-Botschaften führen im Kommunikationsfluss viel schneller zu Blockaden als Ich-Botschaften.

Ich-Botschaften signalisieren:

- Das ist meine persönliche Meinung.
- Das sind meine Gefühle.
- So sehe ich das.
- Ich kann mich auch irren.
- Ich vertraue dir etwas von mir persönlich an.
- Ich achte dich.
- Du kannst das anders sehen, fühlen, bewerten.
- Du weißt, wo du bei mir dran bist.

> »Als du -x- getan hast, habe ich mich -y- gefühlt, und ich hätte gewünscht, du hättest -z- getan!«
>
> *Formulierungs-Tipp von Daniel Goleman (in »Emotionale Intelligenz«, S. 187)*

Das Muster einer Ich-Botschaft

1. Was *ich* sehe, wahrnehme
2. Was *ich* fühle
3. Wie *ich* den Gegenüber wertschätze
4. Was *ich* erwarte, welche Schlüsse ich für mich ziehe

Ich-Botschaften sind die Stützen einer funktionierenden Kommunikation

Dennoch wird im alltäglichen Miteinander wenig »geichzt«. Ich-Botschaften sind Ausnahmen.

Warum?
Vermutlich, weil wir es in der Kindheit nicht einüben. Kinder werden durch die ach so klugen Erwachsenen überwiegend nur mit Du-Botschaften und Appellen konfrontiert:
»Tu das!« »Mach das so...!«
Ein weiterer Grund ist Angst und Mangel an Liebe.
Oft scheint es uns zu gefährlich, unsere wahren Gefühle und Gedanken offen zu äußern.
Oft haben wir nur wenig Interesse an der Person des anderen und wollen keine Beziehung aufbauen.

Der Ich-Botschaften-Check

- Wie halte ich es mit den Ich- und Du-Botschaften?
- Bin ich ehrlich?
- Welche Rollen spiele ich?
- Inwieweit darf ich in der Gruppe offen sein und Schwäche zeigen?
- Widerspricht das meinem Selbstverständnis als Gruppenleiter?
- Könnten Teilnehmer von mir enttäuscht werden?

Ratschläge können Schläge sein

Ein Teilnehmer wagt in der Gruppe eine Ich-Botschaft und teilt eine persönliche Schwierigkeit mit.

Kaum hat er es ausgesprochen, wird er von »liebevollen« Mitmenschen mit Ratschlägen bombardiert. Offensichtlich ist es den Ratschlägern nicht wichtig, ob sie den anderen und sein Problem wirklich verstanden haben.

Ihnen ist nicht bewusst, wie lieblos sie handeln.

Sie genießen ihre Rolle.

Als Ratgeber stehe ich über dem anderen, nicht an seiner Seite!

Wenn überhaupt: Erst dann einen Rat geben, wenn Sie sich bei dem anderen vergewissert haben, dass sie ihn und sein Problem richtig verstehen.

Als Gruppenleiter müssen wir extrem darauf aufpassen, nicht selbst in diese Falle zu tappen. Beobachten wir in der Gruppe solche Ratschläger, müssen wir sofort mit einer Ich-Botschaft oder einem eindeutigen Hinweis auf die Spielregeln der Gruppe einschreiten.

Check

- Inwieweit bin ich häufig ein zu schneller Ratschläger?
- Wie reagiere ich bei Ratschlägen?

6. Feedback – die Aufbauspritze

Was ich **gesagt** habe, weiß ich erst, wenn ich erfahre, was der andere **gehört** hat!

Wie ich auf andere wirke, wie das, was ich tue bei anderen ankommt, muss ich erfragen.

Ich kann es ahnen, aber nie mir ganz sicher sein.

Für eine gute Kommunikation in der Gruppe ist ein **bewusstes Geben und Entgegennehmen von Feedback** absolut notwendig!

Ein faires Feedback ist ein Zeichen von hoher gegenseitiger Wertschätzung.

Eine offene und ehrliche Rückmeldung kann schmerzlich sein. Es tut weh, wenn ich erfahre, meine guten Absichten werden von Mitmenschen ganz anders wahrgenommen.

»Ich habe es wirklich nur gut gemeint. Dass mein Verhalten so abstoßend auf dich wirkt, hätte ich nie gedacht. Danke, dass du mir das gesagt hast.«

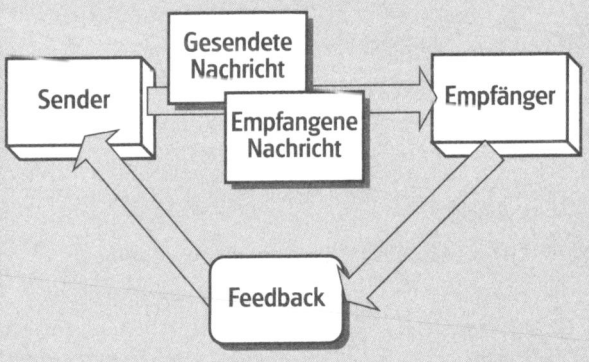

Gegenseitiges Feedback **vertieft die Beziehungen** untereinander. Es hilft uns, uns **selbst bewusster** zu werden und **Korrekturen an unserem Verhalten** vorzunehmen.

Nur ehrliche Rückmeldungen machen Sinn und helfen weiter.

Der Feedbackgeber muss die mögliche Wirkung seiner Botschaft auf den anderen und auf die Gruppe vorausbedenken. Auch er ist für die Folgen mitverantwortlich.

Es ist nicht das Problem der Hörer allein. Es ist lieblos, dem anderen etwas vor den Kopf zu knallen und ihn dann damit allein zu lassen. Friss oder stirb – das darf in einer Gruppe, in der die Gesinnung Jesu die Gruppennorm ist, nicht vorkommen!

Besonders in einer Feedbackrunde muss der Gruppenleiter auf die **Einhaltung der Kommunikationsregeln der Gruppe** achten.

Er ist der Garant für die persönliche Unversehrtheit der Teilnehmer.

Er vermittelt das Gefühl der Sicherheit, schafft ein vertrauensvolles Klima und weckt die notwendige Offenheit.

Hat die Gruppe noch kein eigenes Feedbackmuster entwickelt, beginnt der Gruppenleiter selbst und gibt damit die passende Vorlage.

So gebe ich Feedback:

- Ich achte darauf, dass der Empfänger hörbereit und emotional stark genug zur Aufnahme ist.
- Zuerst zeige ich immer die positiven Seiten auf.
- Als Sender bin ich immer liebevoll, nie anklagend, immer konstruktiv.
- Ich bedenke die mögliche Wirkung auf den Empfänger.
- Ich beziehe mich auf Dinge, die der Empfänger ändern kann.
- Ich mache meine Aussagen möglichst an konkreten Beobachtungen fest und liefere keine Pauschalbeurteilungen.

- Ich sende eindeutige Ich-Botschaften.
- Ich unterscheide klar zwischen Beobachtungen, Empfindungen und Vermutungen.
- Ich wirke nie gehetzt oder unter Zeitdruck.
- Ich reagiere möglichst in zeitlicher Nähe zu dem Anlass. Je größer der zeitliche Abstand, desto stärker verwischen die Eindrücke.

So ist Feedback entgegennehmen für mich ein Gewinn:

- Ich kann mich einem Feedback nur dann offen stellen, wenn ich mich stark genug fühle, sonst muss ich einen späteren Zeitpunkt wählen.
- Ich höre genau hin und wende mich dem Feedbackgeber zu.
- Eventuell mache ich mir Notizen.
- Ich verteidige mich nicht und rücke auch keine Dinge gerade, höchstens vergewissere ich mich, ob ich die Rückmeldung richtig verstanden habe.
- Bin ich unsicher und weiß etwas nicht einzuordnen, frage ich nach.
- Ich bedanke mich für die Rückmeldung und denke über sie in den folgenden Tagen nach.

Der Feedback-Check

- Wie schaffe ich Raum für ein gutes Feedback geben und entgegennehmen?
- Bitten Gruppenmitglieder gelegentlich um eine Rückmeldung?
- Wie und wann gebe ich einzelnen Teilnehmern ein persönliches Feedback?
- Wie und wann bitte ich die Gruppe um eine Rückmeldung über meine Arbeit als Gruppenleiter?

Feedback für den Gruppenleiter

»Das war super heute in der Gruppe, vielen Dank!«

So eine Aussage eines Teilnehmers erfreut den Gruppenleiter und stärkt ihn.

Will er seine Arbeitsweise verbessern, braucht er aber konkrete Informationen über die Wirkungen seines Leiterverhaltens. Am besten befragt er die Gruppe direkt in einer **Feedbackrunde**.

Er kann auch **Fragebogen** verteilen und um eine persönliche oder anonyme Beantwortung bitten. Zusätzliche wichtige Informationen erhält er, wenn er einen »**neutralen**« **Beobachter** einlädt, der mit Zustimmung der Gruppe bei einigen Treffen hospitiert und ihm dann seine Eindrücke weitergibt.

Als sehr aufschlussreich für den Gruppenleiter sind entsprechende **Auswertungen von Tonbandaufzeichnungen oder Videoaufnahmen** der Gruppentreffen.

»Ich frage einfach meine Gruppe!« – Gruppenleiter erfahren etwas über sich selbst

- Was gefällt Ihnen an meiner Art die Gruppe zu leiten?

- Was sollte ich anders, besser machen?

- Was bin ich für Sie mehr: Antreiber, Kontrolleur, Macher, Begleiter, ... (siehe Abschnitt »Wer bin ich? Was will ich sein?«, S. 16/17)

- Sollte ich mehr oder weniger geistliche Impulse (z.B. Andachten, Bibelarbeiten, ...) einbringen?

- Fühlen Sie sich von mir verstanden und akzeptiert?

- Fühlen Sie sich von mir gelegentlich bevormundet?

- Habe ich zu hohe Erwartungen an die Gruppe und einzelne Teilnehmer?

- Leite ich eher zu stark oder zu schwach?

- Inwieweit halte ich mich an unsere Vereinbarungen?

- Auf welchem meiner vier Ohren bin ich besonders empfindlich, auf welchem weniger?

- Welche Dinge und Aufgaben überbewerte bzw. unterbewerte ich?

- Wie gehe ich auf die Wünsche und Bedürfnisse von Gruppenmitgliedern ein?

- Spreche ich Sie mehr auf der Verstandes- und Sachebene oder mehr auf der Gefühlsebene an?

- Welche Aufgaben sollte ich verstärkt an Teilnehmer abgeben?

Inspektion für die Gruppe (Metakommunikation)

Sobald es im Beziehungsgebälk der Gruppe knirscht, Spannungen entstehen oder eine diffuse miese Stimmung aufkommt, ist eine Metakommunikation notwendig:
In einer Gesprächsrunde teilen die Gruppenmitglieder ihre gegenwärtigen Eindrücke, Gefühle, Verletzungen und Beobachtungen bezogen auf das Gruppengeschehen und die Stimmung in der Gruppe mit.
Gemeinsam begeben sich die Gruppenmitglieder auf Ursachenforschung.
Sie **benennen und beheben** nach Möglichkeit **die Störungen**.
Sie **vereinbaren Veränderungen** und entsprechende **Kontrollen**, inwieweit die Beschlüsse umgesetzt werden.
In dieser Runde können Mitglieder ihre eigenen Versäumnisse und Fehler, wie auch ihre Verletzungen der Gruppe offen legen.
Sie **vergeben einander** und bitten Gott um seinen Segen für die Gruppe.
So ein »Gewitter« reinigt die Luft, bringt neuen Schwung in die Gruppe.
Es kommt Freude auf!

Die Metakommunikation ist nicht nur bei akuten Notfällen angebracht.

Für die Qualitätssicherung der Gruppenarbeit ist eine **Bestandsaufnahme in bestimmten regelmäßigen Abständen** notwendig. Alle zwei bis drei Monate oder nach ca. zehn Treffen ist eine solche Inspektion fällig. Die beweglichen Teile müssen geölt werden, sonst fangen sie an zu quietschen und es entstehen Reibungsverluste!

Wenn es Ihnen als Gruppenleiter gelingt, die Gruppe für eine wirklich offene und vertrauensvolle Metakommunikation zu gewinnen, wird die Gruppe Segen erfahren und der einzelne im Glauben wachsen.

Die Gruppe nimmt sich Zeit und spricht über ihre Kommunikation in der letzten Zeit.

Unter den Teppich gekehrte Sachen werden hervorgeholt und richtig entsorgt, Verbesserungen auf den Weg gebracht.

Sind alle Dinge geklärt und vergeben, loben sie Gott und danken für ihre Gruppe und Gemeinde.

Sie bitten um Liebe füreinander und um Weisheit, wie sie als einzelne und gemeinsam den Gruppenauftrag in der Gesinnung Jesu besser erfüllen können.

Impulsfragen für eine Gruppen-Inspektion

(bitte auswählen)

- Gehen wir liebevoll miteinander um?
- Fühlt sich jemand verletzt oder ungerecht behandelt?
- Gibt es Verletzte?
- Sind »Leichen im Keller«?
- Hat jemand eine persönliche Erklärung abzugeben?
- Will jemand ein Versäumnis oder einen Fehler bekennen?
- Hören wir einander wirklich zu?
- Halten wir uns an unsere Absprachen?
- Wie verfolgen wir unsere Ziele?
- Welche Ziele haben wir erreicht? Was steht noch aus?
- Müssen wir Ziele korrigieren?
- Sind wir noch begeistert?
- Wann und wie kam es zu Konflikten?
- Haben wir die Konflikte bearbeitet und gelöst?
- Wie ist das Verhältnis zwischen der Gruppe und dem Leiter und umgekehrt?
- Was waren Höhen und Tiefen in unserer Zusammenarbeit?
- Was wünsche ich mir von der Gruppe und einzelnen Gruppenmitgliedern?
- Was will ich bei mir verändern? Wo will ich mich verstärkt einbringen?
- Wie soll es weitergehen?

7. Zuhören – eine seltene Kunst

Zuhören ist eine schwere Kunst. In wenigen Gruppen wird sie praktiziert.
Gruppenleiter sind dazu meist zu ungeduldig.
Sie vermuten mit etwas Nachhilfe und Schubsen, schneller ein Ergebnis erreichen zu können.
Was so selbstverständlich scheint, ist in der Wirklichkeit eine Rarität.
Es erfordert:
Liebe,
Geduld,
ein **Sich-Zurücknehmen**.

Den anderen und seine vielleicht offensichtlich falsche Meinung zunächst einfach stehen lassen, ist sehr schwer.

Nur wenige Menschen hören anderen wirklich zu und bemühen sich ernsthaft, den anderen zu verstehen und diesem im Gespräch zu einem klaren Verständnis seiner Position zu verhelfen. Selbst Profis in Beratungstätigkeiten haben damit Schwierigkeiten.

Häufig machen wir uns vorschnell unser Bildnis, stecken es in eine Schublade und reagieren in gewohnter Weise. Ob der andere nicht doch anders ist, als wir meinen, kümmert uns wenig. Wir haben ja ein fertiges Bild!

Einige Verständnisfragen und mein Feedback können den anderen zu einer viel klareren Sicht der Dinge und Verhältnisse verhelfen. Diesen Liebesdienst verweigern wir häufig in der alltäglichen Praxis. Warum?
Wir alle wissen, wie gut es tut, einen Zuhörer zu haben.
Für Jesusnachfolger sollte es normal sein, anderen, ihre vier Ohren zu leihen.

Kann ich aktiv zuhören?

Dieses aktive Zuhören ist keine Technik, sondern eine Einstellung:

- Wie weit ist mir der andere als ganze Person wichtig?

- Will ich ihn wirklich verstehen?

- Tue ich nur so und mache mir selbst etwas vor?

- Ob das Interesse an der Person des anderen mehr eine hohle Phrase ist, wird an meinem Verhalten im Gespräch schnell erkennbar, z.B.:

- Lasse ich ihn ausreden?

- Falle ich ihm ins Wort?

- Stelle ich Verständnisfragen?

- Kann ich eine kurze Unterbrechung des Redeflusses aushalten, oder ergänze ich »hilfreich« seine Sätze und Gedanken?

Passieren mir solche Dinge öfters, muss ich meine Art den Nächsten (am häufigsten geschieht dies ja bei den allernächsten wie Partner und Kinder) zu lieben, überprüfen und mich korrigieren.

Wenn ich dem anderen nicht wirklich zuhöre, mir den Rest selbst dazudenke, fehlt es mir an Achtung und Respekt vor der Persönlichkeit des anderen.

> *Echtes Hin- und Zuhören schafft Highlights in der Kommunikation, vertieft Beziehungen, bringt Klärung der Gefühle, Gedanken und Standpunkte.*

41

Ich benutze ihn als Bühne meiner Vorstellung.
Besonders Kindern gegenüber machen wir Erwachsene uns auf diesem Gebiet schuldig.

Wie ich meinen Gegenüber wertschätze, teile ich ihm bewusst und unbewusst durch meine ganze Person mit, u.a. durch Worte, Sprechtempo, Pausen, Stimmlage, Gesten, Mimik, Augen, Körperhaltung ...

Die Summe dieser Signale und wie der andere sie empfindet, bestimmt das Klima zwischen dem anderen und mir und in der Gruppe.
Ob wir auf die gleiche Wellenlänge finden, ob es funkt, ob ein offenes, ehrliches Gespräch entstehen kann, ob Beziehungen wachsen und sich vertiefen, hängt zum großen Teil davon ab, wie wir einander zuhören.

Merkmale des aktiven Zuhörens

- ungeteilte Konzentration auf den anderen
- offener Blickkontakt
- körperliche Hinwendung
- Bestätigungen wie »*Ja*«, »*O.k.*«, Kopfnicken, ...
- Wiederholen, Zusammenfassen
- Verständnisfragen
- Gefühle, Beobachtungen benennen:
  »*Du sagst das so heftig ...*«
- Assoziationen: »*Mir fällt dazu ein ...*«
- Keine Beurteilung abgeben, die eigene Meinung zurückstellen
- Zurückhaltend mit Lösungsvorschlägen sein

Erst wenn die Phase des Zuhörens abgeschlossen ist, gebe ich mein komplettes Feedback und Statement. So kann ein gutes Gespräch entstehen, können Probleme erörtert und Lösungen gefunden werden.

Der Höhepunkt und Abschluss eines so geführten Gesprächs ist ein **gemeinsames Gebet**.
Die Gesprächspartner bringen das Anliegen vor Gott und bitten um seinen Segen.
Christen können dem anderen nicht nur ihre Zuneigung und Anteilnahme an dessen Geschick mitteilen. Sie können dem anderen sein Problem wirklich tragen helfen.
Die Zusage, für den anderen und sein Anliegen zu beten, ist ein riesiges Geschenk.
Kommt zum aktiven Zuhören das aktive Beten für den anderen, wachsen liebevolle Beziehungen.

Wie gut in einer Gruppe die Kommunikation gelingt, hängt stark von der Art des Zuhörens des Leiters ab.

Der Zuhörer-Check

- Inwieweit höre ich wirklich zu?
- Wodurch lasse ich mich beim Gespräch innerlich und äußerlich leicht ablenken?
- Kann und will ich aktiv zuhören?
- Wie lange halte ich es aus, anderen zuzuhören, ohne gleich »meinen Senf« dazugeben zu müssen?
- Wo finde ich für mich aktive Zuhörer?
- Wie kann ich mit den Gruppenmitgliedern unser Zuhören verbessern?

Echtes Hin- und Zuhören schafft Highlights in der Kommunikation, vertieft Beziehungen, bringt Klärung der Gefühle, Gedanken und Standpunkte.

8. Gesetzmäßigkeiten im Leben einer Gruppe

Wir sind wir

So entsteht eine Gruppe:

1. Mehrere Menschen schließen sich zusammen.
2. Sie verfolgen ein Ziel.
3. Sie unternehmen etwas, was einer alleine nicht erreichen kann.
4. Durch die Zusammenarbeit und Einigung auf eine gemeinsame Aufgabe entsteht das Wir-Gefühl.
5. Es folgt eine Abgrenzung nach außen.

Wird die Gruppe von außen angegriffen, stärkt dies das Zusammengehörigkeitsgefühl.

Rivalitäten und Konkurrenzdenken schwächen das Wir-Gefühl von innen.

Bei zu wenig Wir-Gefühl ist die Gruppe stark mit Positionskämpfen innerhalb der Gruppe beschäftigt. Der eigentliche Gruppenauftrag bleibt eher im Hintergrund.

Bei zu starkem Wir-Gefühl konzentrieren die Gruppenmitglieder sich auf eine selbstgefällige Nabelschau und vernachlässigen ihre Aufgaben.

Kommt kein oder nur wenig Gemeinschaftsgefühl auf, ist der Kurs unklar.

Die Interessen klaffen zu weit auseinander.

Ebenso kann es sein, dass es den Gruppenmitgliedern **emotional zu kalt** in der Gruppe ist.

Sie frieren.

Die Gefühlsebene wird zu wenig angesprochen.

Das meiste spielt sich auf der Sachebene ab.

Die Gruppe ist **kopflastig**.

Vermutlich ist der Gruppenleiter gefühlskalt und überbetont seine Sachkompetenz.

Verflüchtigt sich ein zunächst starkes Wir-Gefühl, ist das »Feindbild« verloren gegangen und die einst gemeinsamen Ziele haben an Attraktivität verloren.

Die Luft ist raus.

Mitglieder steigen aus.

Sie haben einfach keine Lust und kein Interesse mehr, den Karren aus dem Dreck zu ziehen.

Andere Dinge sind wichtiger geworden.

Den eigentlichen Ursachen wird nicht auf den Grund gegangen. Mit Appellen und moralischem Druck kann der Gruppenleiter eine Zeit lang dagegenhalten und ein Auseinanderdriften der Gruppe verhindern.

Auf Dauer lässt sich eine Gruppe mit solchen Maßnahmen aber nicht zusammenhalten.

Nur durch **Gewinnen und Überzeugungsarbeit** kann der Leiter versuchen, die Gruppenmitglieder zu motivieren sich neu aufeinander einzulassen.

Freiwilligkeit und Liebe gehören immer zusammen!

Will ein Mitglied die Gruppe verlassen und in eine andere Gruppe der Gemeinde wechseln, muss das ohne Repressalien und negative Folgen für den Aussteiger möglich sein.

Er ist kein Verräter!

Die Ursachen müssen geklärt und notfalls Dinge bereinigt werden. Das kann wehtun.

Die Gruppe hat die Chance, aus dieser Krise zu lernen und sich neu auf ihre Ziele auszurichten.

Auf und Ab – die vier Phasen im Leben einer Gruppe

Jede Gruppe hat ihre eigene individuelle Lebensgeschichte.

Meist lässt sich diese Geschichte grob in vier Phasen einteilen.

Bei Gruppen, die mehrere Tage durchgehend zusammen sind, lassen sich diese vier Stadien häufig in reiner Form beobachten.

Treffen sich Gruppen in ein- oder mehrwöchigen Abständen verläuft die Entwicklung auch in vier Schritten, aber die klaren Konturen verwischen.

Entwicklungen sind immer mit Wachstumsschmerzen verbunden, besonders in den Umbruchzeiten. Folgenschwer ist, wie die Gruppe mit diesen Krisen umgeht.

Phase 1
Beschnuppern und orientieren

Die Gruppe bildet sich.

Die Teilnehmer lernen sich kennen, beschnuppern sich.

Sie fühlen sich unsicher.

Jeder kontrolliert die Situation auf seine Weise.

Die Offensiven sprechen andere an, reden laut, machen mehr oder weniger dumme ironische Bemerkungen.

Die Defensiven sondieren erst das Gelände, wo sind die Fluchtwege. Sie halten sich zurück, reden leise, beobachten, was auf sie zukommt.

Alle reden über das Wetter und andere ungefährliche Themen.

Jeder versucht, möglichst viele Infos zu erhaschen:

- Wer sind die anderen?

- Wen kenne ich?

- Wer ist mir sympathisch, wer unsympathisch?

- Freund oder Feind?

- Bin ich hier richtig?

- Bin ich passend angezogen?

- Was ist hier normal?

- Was sind die Ziele?

- Was wird von mir erwartet?

- Wie ist die Gruppenleitung?

Jeder bringt seine Vorerfahrungen aus anderen Gruppen und seine Erwartungen in die neue Gruppe mit.
Es dauert seine Zeit bis jeder seinen Platz und seine Rolle gefunden hat.

In dieser unruhigen und unsicheren Zeit werden vom Leiter klare Orientierungshilfen und Strukturvorgaben erwartet:

Er hilft aktiv mit, Unsicherheiten abzubauen.
Er fördert das Kennenlernen und steckt die ersten Ziele ab.

Noch wünscht und braucht die Gruppe eine starke Führung.
»Der Leiter soll sagen, wo es lang geht!«

Nur langsam verweigert er sich diesen Erwartungen und bezieht die Gruppe in die Entscheidungsprozesse zunehmend mit ein.

Absprachen werden getroffen, Ziele und Methoden vorsichtig formuliert.

Phase 2
Hauen und Stechen – die Gruppe organisiert sich

Die Gruppenmitglieder fühlen sich sicherer.
Das vorsichtige Abtasten hört auf.
Die Positionen sind klarer.
Die Teilnehmer kennen das Terrain.
Jetzt kristallisieren sich Starke und Schwache heraus.
Manchmal werden – auch in christlichen Gruppen – die Messer gewetzt.
Das Hauen und Stechen um die Rangfolge, um Macht und Einfluss beginnt. Dies geschieht oft lächelnd und anscheinend freundlich, es kann offen, aber auch verdeckt sein.

Auch an den Leiter werden kritische Fragen gestellt.
Seine Autorität wird angezweifelt.
Ihm wird die Schuld für das Reizklima in der Gruppe zugeschoben. Seine Führungsschwäche habe die Rivalitätskämpfe geradezu provoziert. Er verhindere das Vorankommen der Gruppe.
Die Sacharbeit der Gruppe leidet durch die Machtkämpfe, sie kann teilweise ganz zum Erliegen kommen.
Das Verhalten mancher Teilnehmer ähnelt nicht selten dem pubertierender Teenager.
Egal wie der Leiter reagiert, es ist immer falsch!

Will der Gruppenleiter seinem Rollenverständnis als »Diener aller« treu bleiben und die Gruppe partnerschaftlich leiten, wird er kein Machtwort sprechen.
Nur in äußerst dringenden Fällen zieht er die Notbremse, um Schlimmes zu verhüten.
Besonders Mitglieder, die »starke« Leiter gewohnt waren, werden von diesem »laschen« Leiter enttäuscht sein.

Halten der Leiter und die Gruppe die Spannungen aus, rauft sich die Gruppe zusammen:

- Die Stärken und Schwächen der Gruppenmitglieder werden offenbar.

- Man fühlt sich vor Überraschungen sicher.

- Die Grenzen und Freiräume werden abgesteckt.

- Die Gruppe erarbeitet Spielregeln, entwickelt Normen, Verhaltensregeln.

- Intensive Beziehungen untereinander werden geknüpft.

- Das Gefühl der Zusammengehörigkeit nimmt zu.

- Die Gruppe organisiert sich immer besser.

- Aufgaben werden verteilt.

- Der Gruppenauftrag wird erfüllt.

- Kopf und Bauch arbeiten gut zusammen.

- Der Gruppenleiter wird in die Gruppe integriert.

> *Die Gruppe ist auf Dauer kein Schonraum, keine leid- und konfliktfreie Zone.*

Phase 3
Es läuft wie geschmiert –
so ein Tag so wunderschön wie heute ...!

Die Gruppe erfüllt ihren Auftrag.
Sie arbeitet effektiv.
Keiner kommt zu kurz.
Alle bringen sich ihren Gaben entsprechend ein.
Die Kommunikation funktioniert fast reibungslos.
Das Arbeitsklima stimmt.
Die Mitglieder sind begeistert bei der Sache.
Der Bauch wird nicht vernachlässigt und unterstützt die Kopfarbeit.
Die Gruppe läuft fast von ganz allein.

Der Gruppenleiter moderiert,
gibt Impulse,
berät,
führt Entscheidungen herbei,
freut sich über das gute Arbeiten mit der Gruppe.

»Ach wie schön ist es in unserer Gruppe!«
»Wir fühlen uns alle wohl!«
»Wir verstehen uns prima! Das lassen wir uns nicht kaputt
machen!«

Aber Achtung!!!

Gefahr: Harmonie um jeden Preis!

Hinter der schönen Harmonie lauert erbarmungslos die Krise!
»Kein Risiko! Keine Experimente!«, spricht da schnell die Partei der
Sicherheit!
Keine neuen Mitglieder!
Kein Wechsel in der Leitung!
Bloß keine Störungen!
Teppich hoch! Konflikte, Störungen und Störer drunter!
Die Liebe deckt alles zu!
Augen zu! Herz und Gewissen ganz weit auf!
Wir nehmen Störungen einfach nicht zur Kenntnis!
Bei uns ist alles erlaubt!
Wir sind tolerant!
Keine Grenzen – keine Konfrontation!

Aus der vermeintlichen großen Toleranz wird **eiskalte Gleich-**
gültigkeit.
Friedhofsruhe kommt auf.
Unzufriedenheit macht sich breit.

Die Begeisterung geht dahin.
Dem Einsatz auf der Sachebene fehlt zunehmend die Vitalität aus der Gefühlsebene.

Die Gruppe ist auf Dauer kein Schonraum, keine leid- und konfliktfreie Zone.
Auch Gruppen in den Gemeinden sind keine Glückseligkeit und eine schöne heile Welt auf Erden versprochen. Die Harmonie kann niemals mit Gewalt und Ausgrenzung möglicher Störer und Konfliktherde aufrecht erhalten werden.

Die Bedürfnisse der Gruppenteilnehmer ändern sich,
ebenso die Erwartungen an die Gruppe und ihre Aufgabe:

Teilnehmer scheiden aus, ziehen sich zurück.
Andere versuchen ihren Einfluss zu erweitern.
Sie wollen Rechte nicht nur Pflichten haben,
an Entscheidungen stärker beteiligt werden,
mehr Verantwortung übernehmen oder abgeben.
Einige fühlen sich vielleicht übergangen.

Die Konfliktmöglichkeiten sind unbegrenzt. **Werden Konflikte nicht geklärt**, begleiten sie die Gruppe lebenslänglich als **Zeitbomben** im Untergrund. Irgendwann gehen diese hoch. Immer unerwartet. Alle staunen. Sie wussten eigentlich über die Zeitbomben Bescheid. Dennoch fragen sie verwundert: »*Wie konnte so etwas bei uns passieren?*«

> *Wenn Kopf und Bauch getrennt werden, kann eine Gruppe nicht länger leben.*
>
> *Vitalität, Kreativität, Freude, Begeisterung, Kraft und Ausstrahlung gehen verloren.*

Aufgabe des Leiters ist es, Veränderungen auf der Sach- und der Gefühls- und Beziehungsebene wahrzunehmen und mit der Gruppe konstruktiv zu bearbeiten.

Glücksgefühle sind immer nur von kurzer Dauer. Sie lassen sich nicht konservieren. Starke Harmonieerlebnisse in einer Gruppe sind Highlights, über die sich die Gruppe freuen und Gott danken kann.

Das Harmoniestreben einer Gruppe darf nicht die Aufgaben der Gruppe blockieren.

Wird eine Gruppe zum Selbstzweck, fühlt sie nur noch den eigenen Puls, ist der Tod bereits im Topf!

Gottes Liebe ist grenzenlos, nie an eine Gruppe gebunden und muss weitergegeben werden.

Phase 4
Alles ist möglich – Weichenstellung

Der Gruppe werden die Defizite immer mehr bewusst.
Es muss etwas geschehen!
So kann es nicht weitergehen!

Selbstaufgabe
»Mit mir nicht!«
Lieber ein Ende mit Schrecken als ein Schrecken ohne Ende!
Gruppenmitglieder verlassen resigniert, verärgert die Gruppe.
Die Gruppe löst sich auf.
»Es hat keinen Zweck mehr!«
»Wir haben uns auseinander gelebt.«
»Wir gehen woanders hin.«

Eindeutige Verhältnisse werden gefordert
»Ein starker Mann muss her, mit Charisma und Integrationskraft!«
Der Ruf nach neuen Gesetzen, einer straffen Organisation mit scharfen Kontrollen und Sanktionen wird laut. Nur so kommen wir weiter:
»Augen (und Herz) zu und durch!«
»Kopf hoch! Auf Jesus sehen, vorwärts!«
»Wer seine Hand an den Pflug legt und sieht zurück, ist nicht geeignet für das Reich Gottes!«

»Wir müssen zielorientiert arbeiten!«
»Für Gefühlsduseleien und Selbstbetrachtung verschwenden wir keine Zeit!«

Die Unzufriedenheit aus der zweiten Phase wird durch Aktionismus übertüncht.
Das meiste spielt sich auf der Sachebene ab. Konflikte und persönliche Nöte treten in den Hintergrund.
»Ein richtiger Christ hat nicht solche Probleme!«

> **Arbeiten Kopf und Bauch prozessorientiert im Sinne Jesu zusammen, ist der Gruppe ein spannendes erfülltes Leben bis zur Erfüllung ihres Auftrags sicher.**

Einige Mitglieder wollen nicht nur immer funktionieren und »gehorsam« sein.
Gefrustet kehren sie der Gruppe den Rücken.
Ein Häufchen Fahnentreuer (und nicht selten Selbstgerechter) bleibt übrig.
Die Gruppe stirbt den Kältetod.

Wenn Kopf und Bauch getrennt werden, kann eine Gruppe nicht länger leben.
Vitalität, Kreativität, Freude, Begeisterung, Kraft und Ausstrahlung gehen verloren.

Und die Alternative?

Aus der Unzufriedenheit der dritten Phase wächst der Wille zu einer ehrlichen Bestandsaufnahme und Ursachenforschung.
Hilfreich kann es für die Gruppe sein, wenn sie sich für diese Arbeit Hilfe von außen holt, z.B. einen Konfliktberater, Supervisor, Coach.

Missstände werden offengelegt.

Alle suchen mit nach besseren Wegen:
> Buße, Umkehr, Vergebung, Bitte um Weisheit und Gottes Hilfe für einen Neuanfang.

Die Gruppenmitglieder machen sich nichts mehr vor:
Das Gruppenleben ist ein sich ständig ändernder Prozess
mit Höhen und Tiefen.
Jede Veränderung weckt Hoffnungen und Ängste.
Immer wieder kommt es zu Verschiebungen im Gefüge der Gruppe.
Immer wieder verlässt ein Mitglied die Gruppe,
kommen Neue dazu,
wechselt die Leitung,
ändert sich die Aufgabenstellung.

Immer wieder werden die Karten neu gemischt!
In diesem Prozess entstehen natürlich Spannungen, Interessen-
gegensätze und Konflikte.

Die Gruppe verinnerlicht und akzeptiert:
Konflikte sind normal, sie müssen und können mit Gottes Hilfe in
Liebe und gegenseitiger Achtung ausgetragen werden. Nur unge-
klärte Konflikte sind eine zersetzende Belastung!

Durch regelmäßige »Inspektion« (Metakommunikation) überprüft
die Gruppe ihre Art des Umgangs miteinander und wie sie ihren
Gruppenauftrag noch besser erfüllen kann.

Aufgabe des Gruppenleiters ist es,
den Gruppenprozess genau zu **beobachten**,
Gefahren zu erkennen und mit der Gruppe zu **beheben**.

Arbeiten Kopf und Bauch prozessorientiert im Sinne Jesu zusammen, ist der Gruppe ein spannendes, erfülltes Leben bis zur
Erfüllung ihres Auftrags sicher.

Paulus:
»Der Geist Gottes lässt als Frucht eine Fülle von Gutem wachsen,
nämlich Liebe, Freude und Frieden, Geduld, Freundlichkeit und
Güte, Treue, Bescheidenheit und Selbstbeherrschung.«

Galater 5,22

Das geplante Happy-End

Ein Organismus wächst durch Absterben, innere Erneuerung, Zellteilung.
So auch die Gruppen in einer Gemeinde.
Bei vielen Gruppen ist das Ende programmiert.
Ein Projekt ist abgeschlossen.
Die Aufgabe der Gruppe ist erfüllt.
Die vereinbarte Anzahl der Treffen ist erreicht.

Dauergruppen wie Haus-, Bibel- und Gesprächsgruppen sind auf Wachstum angelegt.
Sie müssen sich ständig innerlich erneuern und ab einer bestimmten Größe teilen.
Auf Grund von Veränderungen und Umstrukturierungen in einer Gemeinde müssen sich auch gelegentlich florierende Gruppen auflösen oder teilen.

Ein Happy-End muss geplant und organisiert werden.

Wie in der Anfangsphase ist auch in der Endphase der Leiter in besonderer Weise gefordert.
Es fängt mit der richtigen Zeitplanung an.

Es muss ausreichend Zeit bleiben:

- um die verbliebenen Dinge zu bearbeiten

- für ein ausführliches Feedback

- um die Erfüllung des Auftrags zu überprüfen

- zum Abschiednehmen

- zum Feiern

- zum Loben und Danken

Die kleinstmögliche Gruppe ist immer die beste

Mit steigender Anzahl der Mitglieder in einer Gruppe sinkt zwangsläufig die aktive Beteiligungszeit des Einzelnen.
In einer Zweiergruppe hat jeder theoretisch 50 % der Zeit für sich, bei 10 Mitgliedern 10 %, bei 20 nur noch 5 %, bei 30 verbleiben gerade noch gut 3 % pro Person!
Obwohl diese Verteilung der Zeit so sonnenklar ist, bei der Festlegung der möglichen Gruppengröße werden diese Überlegungen oft außer Acht gelassen.
Es ist ein Widerspruch, starke, engagierte Gruppen haben zu wollen und gleichzeitig Gruppen mit vielen Teilnehmern zu bilden bzw. eine Teilung hinauszuzögern.
Die Verantwortlichen und oft auch die Gruppenmitglieder scheuen die Auseinandersetzung und bevorzugen faule Kompromisse. Dabei wird die Bequemlichkeit der Gruppenmitglieder gefördert, das Engagement aller gebremst.

Je größer eine Gruppe ...,

... desto weniger Beiträge kann das einzelne Mitglied einbringen, viele Ideen können nicht wahrgenommen werden.

... desto weniger wird ein starkes Gefühl der Geborgenheit und Sicherheit erfahren; die Atmosphäre des Vertrauens schwindet.

... desto weniger erleben die Teilnehmer die Gruppe als ihre eigene.

... desto weniger fühlt sich der Einzelne für das Tun und Lassen der Gruppe verantwortlich.

... desto eher lassen die Mitglieder in ihrem Engagement nach. Ihr persönlicher Anteil hat nicht mehr ein so großes Gewicht, wird nicht mehr deutlich sichtbar.

... desto mehr passive Mitglieder, mehr Schweiger, mehr Mitläufer.

... desto mehr organisatorischer Aufwand, die Gruppe ist nicht mehr so flexibel, der Informationsfluss wird träger. Größere Räumlichkeiten werden gebraucht.

Für eine Gruppe, die Problemlösungen erarbeitet und in der Entscheidungen gemeinsam getroffen werden, eine Gruppe, in der alle intensiv gemeinsam etwas tun sollen, sind **fünf Teilnehmer** erfahrungsgemäß **die optimale Größe**.

Die Kompetenz einer Gruppe wird nicht mit mehr Mitgliedern automatisch größer, eher im Gegenteil. Verantwortung ist anscheinend in einer Gruppe nur begrenzt aufteilbar.

Fünf Teilnehmer fühlen sich noch zu 100 % für die Arbeit der Gruppe verantwortlich.

Wird die Gruppe größer, hört man immer öfter:

»Dafür bin ich nicht verantwortlich, dafür ist jemand anderes zuständig.«

In einer Gruppe von **7 – 10 Teilnehmern** sind meistens persönliche Gespräche und ein reger Austausch der Meinungen noch möglich.

Alle können sich beteiligen und werden gehört.

Je nach Aufgabenstellung und Rahmenbedingungen gilt:

Die kleinstmögliche Gruppe ist immer auch die effektivste!

Spätestens **bei 15 Teilnehmern** muss eine Gesprächsgruppe sich teilen, wenn wirklich alle Mitglieder am Gespräch intensiv Anteil haben wollen.

Bei **20 Mitgliedern** ist ein Gespräch nicht mehr möglich.

Es müssen Kleingruppen gebildet werden, die dann ihre Ergebnisse gegebenenfalls im Plenum vorstellen.

Bei der Anwesenheit von weniger als acht Personen verhalten sich die meisten Mitglieder in Gruppen, die sie kennen, relativ »hemmungslos«.

Bei über acht Personen hört bei vielen die Lockerheit auf. Hier scheint eine besondere Hemmschwelle zu liegen.

Manche, die sich im kleinen Kreis rege am Gespräch beteiligen, werden stiller und zurückhaltender.

Bei 15 Personen steigt der Anteil der Schweiger rapide.

Nur noch wenige trauen sich aus ihrem Schneckenhaus heraus.

Öffentlich reagieren sie nur auf direkte persönliche Anfragen, und solch eine Situation ist ihnen häufig sehr peinlich.

Je nach Aufgabenstellung und Rahmenbedingungen gilt:
Die kleinstmögliche Gruppe ist immer auch die effektivste!

Beim Festlegen der Gruppengröße spielen die Eigenarten, die Fähigkeiten und Bedürfnisse der Gruppenleiter eine nicht zu unterschätzende Rolle.
Einige leiten kleine Gruppen ausgezeichnet, fühlen sich aber mit einer größeren Gruppe äußerst unwohl.
Andere scheuen die Intimität einer kleinen Gruppe und arbeiten lieber mit größeren Gruppen, eventuell dann mit einem Co-Leiter.

9. Praxis:
Die Phasen eines Gruppentreffens

Aller Anfang ist schwer

Das Treffen einer Gruppe nach einem bestimmten Abstand, z.B. nach einer Woche, ist immer auch ein gewisser Neuanfang für die Teilnehmer. Wie die einzelnen Perlen an einer Kette bildet jedes Treffen eine in sich geschlossene Einheit.

Viele Elemente der Phasen im Leben einer Gruppe (s. oben) können bei einer einzelnen Gruppenzusammenkunft zum Tragen kommen.

Jedes Treffen birgt zunächst einige Unwägbarkeiten, löst Unsicherheiten und Spannungen bei dem Leiter und den Teilnehmern aus.

»Niemand steigt zweimal in den gleichen Fluss«, sagte Heraklit. Neue Räumlichkeiten, neue Teilnehmer, neues Thema, neue Inhalte, neue Leitung, besondere Ereignisse in der Zwischenzeit, usw. sind alles Faktoren, die zu einer erhöhten Wachsamkeit bei den Mitgliedern am Anfang eines Treffens führen können.

Der Anfang ist für alle emotional anstrengend.

Jeder muss erst wieder seinen »Platz« finden.

Die **ersten Sätze des Gruppenleiters** an die Gruppe haben primär atmosphärische Bedeutung.

Es ist nicht klug, sofort mit wichtigen Informationen das Treffen einzuleiten.

Auch ausgesuchte Bibelworte oder andere wohldosierte weise Worte stoßen in den ersten Minuten nicht auf offene Ohren. Sie verpuffen. Die ganze Mühe des Aussuchens ist umsonst. Die »goldenen Worte« werden zu diesem frühen Zeitpunkt meistens nicht gewürdigt. Die Teilnehmer sind viel zu sehr mit sich selbst beschäftigt.

Die Mitglieder brauchen unterschiedlich lange Zeit zum Ankommen, um wirklich mit Kopf und Bauch im Hier und Jetzt zu sein.

Das Ziel in der Anfangsphase ist ein angenehmes, angstfreies Gruppenklima.

Der Leiter und die Mitglieder werden miteinander warm.
Sie schwingen sich auf eine Wellenlänge ein.
Neue Mitglieder werden freundlich begrüßt, mit den Mitgliedern und mit dem Ablauf der Veranstaltung bekannt gemacht.
Die Art und Weise wie der Leiter sich verhält, bestimmt stark die Atmosphäre.
Er muss Sicherheit vermitteln.
Er ist der Garant für den geordneten Ablauf.
Veränderungen gegenüber den letzten Treffen kommen zur Sprache.
Über besondere Ereignisse in der Gemeinde wird berichtet.
Teilnehmern, die etwas auf dem Herzen haben, denen etwas unter den Nägeln brennt, teilen dies der Gruppe mit.
Bestimmte Rituale, Interaktionsübungen, die Bildung von Kleingruppen (s. Anhang) können die Phase des Kennenlernens und Ankommens beschleunigen und vertiefen.

Fragen für den Gruppenstart

- Was beschäftigt dich?

- Wie hast du den Tag heute verbracht?

- Was hat dich auf dem Weg hierher beschäftigt?

- Was hast du seit dem letzten Treffen erlebt?

- Konntest du etwas vom letzten Treffen umsetzen?

- Willst du der Gruppe etwas berichten, mitteilen?

- Was sind deine Erwartungen an die Gruppe und unser heutiges Vorhaben?

- Wie muss heute das Treffen verlaufen sein, damit du zufrieden nach Hause gehen kannst?

- Was interessiert dich an dem heutigen Programm besonders?

- Was hast du an Fragen, Anregungen, Wünschen, Beiträgen, Infos mitgebracht?

Zum Ankommen mit Kopf und Bauch gehören:

- Stress und Ängste abbauen, angenehmes Gruppenklima
- Loslassen, Sich-Öffnen für neue Situation und Menschen
- Orientierung über den Ablauf und über den zeitlichen Rahmen des Treffens
- Kenntnis über die Örtlichkeiten
- Sicherheit gewinnen
- Innerlich zur Ruhe kommen
- Ziele und Erwartungen abklären

In der Anfangsphase wird die Grundlage für die weitere Arbeit der Gruppe gelegt.
Stimmt diese Basis nicht,
sind nicht alle Teilnehmer voll da,
ist das Klima gereizt,
sind Störungen und Blockaden in der Kommunikation, im Arbeits- und Lernprozess der Gruppe die direkte Folge.
Ein sensibler, aufmerksamer Gruppenleiter wird soweit es möglich ist, für klare Verhältnisse sorgen.
Die Zeit für einen guten Anfang ist keine verlorene Zeit sondern Voraussetzung für ein effektives Arbeiten und für einen guten Schluss.
Investiert eine Gruppe nicht ausreichend Zeit für einen guten Start, rächt sich das später durch Reibungsverluste und eine mindere Qualität des Ergebnisses.

Für Gemeindegruppen ist es ein Geschenk, sich am Anfang eines Treffens auf Gott als die gemeinsame Mitte zu besinnen.

Im **Gebet** können Christen ihre mitgebrachten Belastungen, Stressgefühle und Sorgen loslassen und abgeben.

Durch Beten und **Singen** werden alle Teilnehmer mit einbezogen, auf das gemeinsame Anliegen eingestimmt.

Verheerend für die Einstellung der Mitglieder ist es, wenn Gebet und Singen zu sinnentleerten Anhängseln werden. Immer wieder muss der Gruppenleiter diese Gefahr thematisieren. Mit der Gruppe muss er **abwechslungsreiche Formen** finden, die den Teilnehmern entgegenkommen, ihr Echtsein unterstützen und sie nicht zum Heucheln verleiten.

Eine Bitte um den Segen Gottes nur so daher geplappert und zur leeren Floskel verkommen, ist Gotteslästerung und unterhöhlt unter Umständen den Glauben der Teilnehmer.

Jeder Gast, der das Beten und Singen der Gruppenmitglieder als hohles Phrasendreschen erlebt, wird sein Interesse am Christsein verlieren.

Die Ausrichtung auf Gott darf nicht als Betäubungsspritze zur Harmonisierung von Gegensätzen zwischen Gruppenmitgliedern missbraucht werden!

Häufig sind es Gruppenleiter, die durch eine Andacht kritische Teilnehmer mundtot machen wollen. Besser ist es, der Gruppe weiterzugeben, dass Gott die Vielfalt liebt, dass es gilt, Farbe zu bekennen und miteinander im Sinne Jesu um den richtigen Weg zu streiten.

Die Vorbildfunktion des Gruppenleiters ist in der Anfangsphase entscheiden wichtig.

Alle achten auf ihn, wie er etwas macht, welche Vorgaben er gibt. Gibt er z.B. beim Vorstellen nichts Persönliches von sich preis, werden es die anderen auch nicht tun.

Redet er allein viel am Anfang, löst er allein die Probleme, bestimmt er allein die Tagesordnung, lehnen sich die Teilnehmer zurück. Sie verhalten sich passiv und überlassen weitgehend alles dem »Vorturner«. Später ist dieser dann erstaunt, dass er nur alleine turnt und beklagt sich über die Konsumhaltung der Mitglieder.

Werden schon in der Anfangsphase alle Mitglieder behutsam zur aktiven Mitarbeit herausgefordert, bestimmt das die Arbeitsatmosphäre. Das aktive Miteinander schon von Beginn an macht deutlich, jeder ist wichtig, jeder wird gehört, jeder gestaltet mit und ist so für das Gruppengeschehen mitverantwortlich.

Eine Aufteilung der Teilnehmer in Partner- oder Dreiergruppen verhindert das Übergewicht des Gruppenleiters und erhöht die Anzahl der Kontakte untereinander. Durch den Auftrag an die Kleingruppen kann neben dem besseren Kennenlernen auch schon auf die Verbindung der Teilnehmer zu dem Gruppenthema eingegangen werden:

Was habe ich für Erfahrungen mit dem Thema gemacht?
Warum bin ich hier, was erwarte ich?

Sind die Voraussetzungen für eine gute Kommunikation geschaffen, herrscht ein vertrauens- und erwartungsvolles Arbeitsklima, beginnt die Gruppe mit der Erarbeitung des Themas.

Ist der Gruppenleiter in der Einschätzung der Situation unsicher oder verlangt es ein Mitglied, wird ein »Blitzlicht« (s. Seite 82) durchgeführt. In einem Rundgang (Befindlichkeitsrunde) erklärt jeder Teilnehmer: *»Ich bin bereit«* oder *»Ich bin noch nicht in der Lage, mir fehlt noch etwas.«*

Check: Vorbereitung und Planung

- Treffen im Gebet vorbereiten. Bitte um Weisheit, Einfühlungsvermögen, Liebe, Geduld zum Hören, ausreichend Sachkenntnisse, Fürbitte für die Teilnehmer.

- Kennen sich alle Teilnehmer?

- Wie stelle ich die Neuen vor?

- Sind Namensschilder von Vorteil?

- Duzen oder Siezen?

- Gibt es noch Reste, offene Fragen vom letzten Treffen?

- Will ich etwas Neues in der Anfangsphase einführen? Keine leeren Rituale!

- Ein Methodenwechsel kann die Gruppe herausfordern, ist ein gutes Mittel gegen Routine und Langeweile

- Müssen Spielregeln oder Ziele neu bewusst gemacht oder überarbeitet werden?

- Gibt es wichtige Neuigkeiten für die Gruppe?

- Sind Fragen der Organisation, Ereignisse im Leben einzelner Gruppenmitglieder, in der Gemeinde anzusprechen?

- Welche Vorgaben will ich allein setzen, was mit der Gruppe gemeinsam entscheiden?

- Welche Erwartungen, Wünsche, Bedürfnisse werden die einzelnen Teilnehmer mitbringen?

- Wie kann ich darauf eingehen?

- Wie sieht der Ablauf des Treffens zeitlich aus?

- Wie kann ich Co-Leiter aufbauen und einbeziehen?

- Ist jeder zu Wort gekommen, der es wollte?

- Wie sind die Rollen verteilt?

- Gibt es Widerstände, die jetzt oder bei einer anderen passenden Gelegenheit bearbeitet werden müssen?

- Habe ich die Dinge festgehalten, notiert, die angesprochen, aber jetzt nicht geklärt werden können?

- Ist noch etwas unklar?

- Fehlen noch Infos?

- Ist die Grundlage für die Weiterarbeit stabil?

- Muss ich noch etwas nachlegen?

- Muss ich die Ergebnisse noch einmal zusammenfassen?

- Ist ein »Blitzlicht« notwendig, hilfreich?

Jetzt geht's los – Erarbeitung des Themas

Die Gruppe hat sich warmgelaufen.
Sie ist hochmotiviert und will endlich in das Thema einsteigen.

Nach einem Neu- oder Wiedereinstieg wird das Thema entsprechend den Absprachen und Zielvorgaben bearbeitet.
Bei zielgerichteter Arbeit wird dies etwa so aussehen:

- Das **Thema** wird von allen Seiten beleuchtet.

- Die **Beziehung** zur Gruppe, Gemeinde, Bibel und zu den einzelnen Teilnehmern wird herausgestellt und bewertet.

- **Ergebnisse** werden präsentiert, kommentiert und gesichert.

- **Neue Verhaltensweisen** werden erprobt und eingeübt.

- **Vereinbarungen über Formen der Kontrolle und Fortführung der Arbeit** werden getroffen.

- **Möglichkeiten der Qualitätssicherung und -verbesserung** überlegt.

- Über **erste Schritte** wird entschieden.

Zu Beginn der Erarbeitungsphase legt der Gruppenleiter die große »Wanderkarte« mit dem eingezeichneten Ziel und den Zwischenstationen vor.
Die Gruppenmitglieder müssen wissen, was sie heute erwartet. Dies vermittelt Sicherheit und erhöht die Bereitschaft zur Mitarbeit.

Die Gruppe verständigt sich über das weitere Vorgehen:

- Beschreibung und Formulierung des Themas
- genaue Aufgabenstellung
- Zeiteinteilung
- Methoden
- Sozialformen
- Medienauswahl
- Aufgabenverteilung

Auswahlkriterien:

- Welche Methode und Arbeitsform hilft unserer Gruppe heute bei der Bearbeitung des Themas am besten weiter?

- Wie können die einzelnen Teilnehmer optimal motiviert und aktiviert werden?

- Was kommt den Bedürfnissen der Mitglieder und dem Anspruch des Themas am nächsten?

- Wie stehen Zeit-, Kraft- und Geldaufwand zu der erhofften Wirkung?

- Welche technischen Mittel und Räumlichkeiten stehen zur Verfügung?

Arbeitsmethoden:

Vortrag/Referat:

- Nie länger als 20 Minuten am Stück!
  Nach 20 Min. schlafen die Zuhörer ein!
- Kurz- oder Impulsreferat, Bericht, Thesen.
- Je länger die »Ansprache« desto verhaltener die
  Resonanz bei den Zuhörern, desto größer die Trägheit
  der Gruppe.
- Nur ein kurzer, intensiver Input bewirkt einen kräftigen
  Output!
- Nicht alle Infos müssen auf einen Schlag kommen.

Gespräch:

- Unterrichts- und Lehrgespräch, Frage-Antwort
- Texterarbeitung, Thesenpapier
- Rundgespräch, themenzentriertes Gespräch
- Austausch über Erfahrungen mit dem Thema
- Gespräch anhand von Fallbeispielen
- Diskussion, Debatte

Moderationsmethode mit Pinwand und Karten

Praktische Übungen: Interaktionsübungen, Rollenspiel, Theater,
praktische Arbeiten, bildnerisches Gestalten

Immer mal wieder wechseln!

schnell-langsam; lustig-ernst; laut-leise;
verbal-nonverbal; aktiv-passiv;

Stress-Ruhe; Pausen, Zeit zum Nachdenken;
Konflikt-Harmonie; Kopf-Bauch;

vom Besonderen zum Allgemeinen;
vom Allgemeinen zum Besonderen;

verschiedene Sinne ansprechen;
Wechsel der Sozialformen und Medien

Langeweile ist tödlich!

Sozialformen:
Plenum
Kleingruppen
Partnerarbeit
Einzelarbeit
Innenkreis – Außenkreis

Medien:
Tafel, Flipchart, Wände
Wandzeitung, Mindmap, Plakat
Film, Dia, Video, Beamer, Overheadprojektor
Tonträger

Check: Vorbereitung und Planung

- Wie ist mein Bezug zum Thema?

- Wie stark fühle ich mich betroffen, engagiert?

- Gefahr: Eine zu starke emotionale Anteilnahme macht blind für die Realität, führt zu voreiligen, zweifelhaften Entscheidungen.

- Eine ungezügelte Begeisterung des Gruppenleiters überfordert die Teilnehmer

- Wie ist der Bezug der Gruppenmitglieder zum Thema?

- Sind Widerstände oder Begeisterung zu erwarten?

- Welche Vorerfahrungen sind vorhanden?

- Welche Informationen braucht die Gruppe?

- Welche Erwartungen verknüpfen die Teilnehmer mit der Bearbeitung des Themas?

- Welchen Bezug hat das Thema zu dem Globalziel und zu den Werten der Gruppe?

- Welches Ziel habe ich für dieses Treffen?

Verlaufs- und Zeitplanung:

- Mut zur Lücke! Zeitpuffer und ausreichend Zeit für die Schlussphase einplanen!

- Mut zur Langsamkeit! Besser Lücken lassen als hektisch das Tempo steigern.

- Qualität vor Masse! Exemplarisch etwas erarbeiten bringt meistens bessere Ergebnisse als von jedem ein bisschen.

- Eine Entscheidung wird nicht automatisch besser, wenn ich vermeintlich alle Kriterien und Möglichkeiten mit viel Zeit- und Kraftaufwand erörtert habe. Wenige wichtige »Knackpunkte« reichen aus, um eine gute Entscheidung zu treffen!

- Wie und wann kommen wir rechtzeitig zum Schluss?

- Welche Methoden, Medien, Materialien will ich einsetzen?
- Wie sollen die Ergebnisse präsentiert, ausgewertet und gesichert werden?
- Wer wird da sein? Wie viele Personen?
- Mit welchen Störungen, Konflikten ist zu rechnen?
- Wie stelle ich mich darauf ein?
- Wann könnten Feedbackrunden, Blitzlichter, Entspannungs- oder andere Interaktionsübungen nötig und von Vorteil sein?

Ende gut – alles gut

Wie in der Anfangsphase so auch in der Schlussphase braucht die Gruppe eine relativ starke Leitung.
Der Gruppenleiter muss früh genug die Schlussrunde einläuten.

> *Ein gutes Ende ist Grundlage für einen guten Anfang!*

Eine hektische Schlussphase macht gute Ansätze und Entwicklungen wieder kaputt. Es ist besser für die Gruppe, die Erarbeitungsphase abrupt abzubrechen und Probleme zu vertagen, als in Hetze mit vielen Unklarheiten das Treffen zu beenden.

Nicht ausgesprochene Unklarheiten und nicht benannte offene Fragen verursachen Bauchschmerzen. Sie machen die Gruppenmitglieder unzufrieden und aggressiv!
Es kommt zu Irritationen, Missverständnissen und unnötigen Konflikten.
Gelingt es der Gruppe zu einem guten Ende zu kommen, schafft sie beste Voraussetzungen für die Weiterarbeit und für ein erfolgreiches nächstes Treffen.

Ein gutes Ende ist Grundlage für einen guten Anfang!

Abschluss mit Kopf und Bauch

Die Erarbeitungsphase ist abgeschlossen. Die Ergebnisse sind

gesichert. Noch offene Fragen und Probleme wurden benannt und notiert, die Aufgaben verteilt.
Jetzt kommt die Schlussrunde mit der **Standortbestimmung** und dem Abschiednehmen.

Der Gruppenleiter fasst den Verlauf des Treffens und die wichtigsten Ergebnisse zusammen:

- Wo stehen wir jetzt?
- Haben wir das für heute gesteckte Ziel erreicht? Wie?
- Wie geht es weiter?

In einer persönlichen Feedbackrunde (s. Interaktionsübungen) teilen die Teilnehmer ihre Bewertung des Treffens mit. Keine Diskussion zulassen!

- Wie habe ich das Treffen erlebt?
- Welche neuen Erkenntnisse habe ich gewonnen?
- Welche neuen Fähigkeiten habe ich gelernt?
- Was nehme ich mir vor?
- Was erwarte ich von mir, der Gruppe, der Leitung für das nächste Mal?

»Feedback« an Gott

Wer am Anfang des Treffens um Weisheit und Hilfe Gott gebeten hat, wird auch am Ende sich auf Gott besinnen und ihn in das Feedback miteinbeziehen.
Im Schlussgebet lobt, dankt, klagt die Gruppe Gott ihr Freud und Leid, bittet um Vergebung für Unzulänglichkeiten, bittet um Segen bei der Umsetzung von Beschlüssen, tut Fürbitte für die Gemeinde, bittet um Kraft und Bewahrung für die Gruppenmitglieder.

Wie das Beten am Anfang darf das Schlussgebet nicht zum frommen gesetzlichen Anhängsel werden. Durch Abwechslung in der Form und dadurch, dass man darüber redet, kann dagegen vorgegangen werden.

Das Ende eines Gruppentreffens ist nur dann wirklich gut, wenn allen Teilnehmern klar ist:

An Gottes Segen ist alles gelegen!

Dieses Bewusstsein der Abhängigkeit von Gott (Demut) stärkt die Lebensfreude der einzelnen Mitglieder und der ganzen Gruppe. Der gemeinsame Glaube an Jesus macht frei von vielen äußeren Zwängen und mobilisiert ungeahnte Kräfte.

Nicht wir müssen uns produzieren und um unsere Ehre und Ansehen kämpfen.

Wir unterliegen keinem unmenschlichen Leistungsdruck.

Es ist entlastend für den Gruppenleiter und die Mitglieder zu wissen:

Nicht wir sind letztlich verantwortlich für das Gelingen oder Scheitern unserer Vorhaben.

Es ist ermutigend zu wissen und sich gegenseitig daran zu erinnern:

Gott trägt uns und stützt unsere Arbeit. Er hat es versprochen. Wir und andere Gruppen können das bezeugen.

Sich am Ende eines Treffens wieder neu vor Augen zu führen, wie abhängig wir vom Segen Gottes sind, fördert unsere realistische Selbstwahrnehmung, bewahrt uns vor Selbstüberschätzung, stärkt unsere Grundhaltung der Dankbarkeit und unser Vertrauen zu Gott.

Salomo:
»*Wenn der Herr nicht das Haus baut, so arbeiten umsonst, die daran bauen.*
Wenn der Herr nicht die Stadt behütet, so wacht der Wächter umsonst.«
Psalm 127,1

10. Wie Leiter Mitarbeiter demotivieren – 10 Wege zum Misserfolg

1. Alles selbst bestimmen und selber machen

Mitarbeiter wollen ihre Gaben und Fähigkeiten einbringen.
Traut der Leiter ihnen nichts oder nur wenig zu, gibt er nur notgedrungen gelegentlich verantwortungsvolle Aufgaben ab, sinkt die Bereitschaft zur Mitarbeit.

2. Geheimniskrämerei

Mitarbeiter wollen offen und ehrlich über alle wichtigen Vorgänge unterrichtet werden. Entscheidungsprozesse müssen für alle Mitarbeiter transparent und nachvollziehbar sein.
Schiebereien hinter den Kulissen, geheimnisvolles diplomatisches Taktieren des Leiters verstört die Mitarbeiter, schafft Misstrauen. Der Gipfel ist dann erreicht, wenn der Leiter das Ergebnis seiner heimlichen Aktivitäten als Geschenk des Heiligen Geistes anpreist. Gunstbeweise des Leiters durch mehr Informationen an einzelne »Eingeweihte« aus dem Mitarbeiterkreis verletzen die »Minderprivilegierten« und lähmen ihre Einsatzfreude.

3. Entscheidungsschwäche

Mitarbeiter wollen wissen, wo es lang geht.
Zögert der Leiter ängstlich notwendige Entscheidungen hinaus, traut sich nicht festzulegen, verärgert das aktive Mitarbeiter und sie steigen aus.
Wird Mitarbeitern die Perspektive genommen, schalten sie ihr Engagement auf Sparflamme, machen nur noch »Dienst nach Vorschrift«.

4. Launenhaftigkeit

Mitarbeiter wollen sich auf ihren Leiter verlassen können.
Er muss für die Mitarbeiter in gewisser Weise berechenbar sein, Kontinuität ausstrahlen.

Ist der Leiter mal stur und pingelig auf das Einhalten von Vorschriften bedacht, setzt er sich ein andermal locker über Absprachen hinweg, weiß niemand, woran man bei ihm ist.

Verteilt er in einer Sitzung Lob und Tadel, in der nächsten nimmt er gar nicht Stellung und schweigt vielsagend, trägt dies zur Verunsicherung bei.

Wenn er mal Geistlichkeit demonstriert und sich für Hintergrundinformationen und Rückfragen interessiert, beim nächsten Mal aber über Rückfragen verärgert ist und sich angegriffen fühlt, untergräbt dies ebenso seine Autorität.

Widersprüchliches und häufig wechselhaftes Verhalten des Leiters blockiert die Mitarbeiter. Sie halten sich zurück bis klar ist, wie der Leiter heute drauf ist. Da sie aber freiwillig mitarbeiten, werden sie dieses Theater nicht lange mitspielen.

5. Schneller Wechsel von Zielen und Aufgaben

Mitarbeiter wollen ernstgenommen werden und ihre Aufgaben zu Ende bringen.

Was heute vom Leiter als brennend wichtige Aufgabe angekündigt wird, wofür sich die Mitarbeiter einsetzen und beten sollen, darf vom Leiter nicht schon in der folgenden Woche wie Schnee von gestern behandelt werden. Mitarbeiter, die sich entsprechend dem intensiven Appell engagiert haben, fühlen sich missbraucht und werden ihre Mitarbeit einschränken. Neue Appelle werden an ihnen vorbeigehen.

Hat eine Arbeitsgruppe das festgelegte Ziel noch nicht erreicht und der Leiter hetzt die Gruppe schon auf ein neues Ziel, wechselt häufig die Zielvorgaben, entzieht er den Mitarbeitern die Basis ihrer Arbeit und bringt die Gruppe um ihren Erfolg.

Mal hüh, mal hott, mal rein in die Kartoffeln, mal raus aus den Kartoffeln, zermürbt die eifrigsten Mitarbeiter.

6. Taube Ohren

Mitarbeiter wollen vom Leiter gehört und verstanden werden.
Wenn der Leiter lange Vorträge hält, alles besser weiß, die Teilnehmer an die Wand redet, wenn er nicht zuhört und auch nicht auf
Vorschläge eingeht, fragen sich die Mitarbeiter, wozu sie eigentlich da sind. Sie werden schweigsam und ideenlos.

7. Konfliktscheu

Mitarbeiter wollen klare Verhältnisse.
Unbearbeitete Konflikte sind Zeitbomben, lösen diffuse unter-
schwellige Ängste aus.
Durch Manövrieren, Taktieren, Lamentieren als Taktik zum Auswei-
chen und Verdrängen von Konflikten vermag der Leiter kurzfristig
Friedhofsruhe zu schaffen, das Gruppenklima wird aber zerstört.
Scheinheiligkeit, Heuchelei, Halbwahrheiten, falsche Rücksicht-
nahme, Schmeichelei vernebeln das Arbeitsfeld, verpesten das
Arbeitsklima, binden viele Kräfte durch Parteiungen und Kämpfe
auf Nebenschauplätzen. Unweigerlich kommt es dann irgendwann doch zur unkontrollierten Explosion, und es wird viel Por-
zellan zerschlagen. Eine Konfliktklärung zur rechten Zeit hat heil-
same Wirkung, setzt viele neue Energien frei.

8. Misstrauen/Kontrolle

Mitarbeiter wollen Fehler machen dürfen.
Aus Fehlern wird man klug!
Wer keine Fehler machen darf, lernt nichts!
Vertrauen ist gut, ist Kontrolle besser?
Leiter, die meinen alles unter Kontrolle haben zu müssen, stehen
unter ständiger Hochspannung.
Misstrauen ist furchtbar stressig und belastet die Beziehungen,
verunsichert die Mitarbeiter, unterdrückt eine vertrauensvolle Kom-
munikation, verhindert spontanes Verhalten, schränkt kreative An-
sätze ein, verhindert Experimentieren, verdirbt die gute Laune der
Mitarbeiter (sofern sie überhaupt aufkommt).

9. Selbstlob

Mitarbeiter wollen ihre Leistungen anerkannt bekommen.
Verkauft der Leiter die Arbeitsergebnisse der Gruppe als seine persönlichen Verdienste, als sein alleiniges Produkt, werden die Mitarbeiter sauer. Falsches Selbstlob von Leitern stinkt besonders kräftig. Widerstände gegen den Leiter sind unausweichlich. Die Motivation der Mitarbeiter verflüchtigt sich. *»Wenn der Leiter alles Lob auf sein Konto bucht, soll er auch die ganze Arbeit selber machen.«*

10. Schlechtes Vorbild

Für die Mitarbeiter ist der Leiter immer ein Vorbild, positiv oder negativ, er bestimmt den Maßstab.
Fordern Leiter von den Mitarbeitern einen hohen Einsatz und bestimmte Verhaltensweisen, erfüllen aber selber nicht diese Erwartungen, werden Mitarbeiter dem schlechten Vorbild folgen.
»Ich soll in meiner Freizeit bei Aktionen in der Gemeinde mithelfen und mein Leiter ist jede freie Minute mit seinem Segelboot unterwegs ...«

11. Wie leite ich eine Besprechung?

Die Aufgaben des Leiters einer Besprechung

Vorbereiten – organisieren – moderieren:

- Die Teilnehmer begrüßen, miteinander bekannt machen.
- Für ein angenehmes, freundliches, offenes Klima sorgen.
- Die anstehenden Themen benennen, Regeln für den Ablauf der Besprechung vorschlagen.
- Verständigung über die Tagesordnung/ Geschäftsordnung herbeiführen.
- Für das Einhalten der Vereinbarungen sorgen.
- Den Zeitablauf im Blick haben und gegebenenfalls die Tagesordnung ändern.
- Das Wort erteilen, Rednerliste führen.
- Zurückhaltende Teilnehmer eventuell direkt um eine Stellungnahme bitten.
- Beiträge zusammenfassen.
- Zwischenergebnisse festhalten.
- Auf Widersprüche und Unklarheiten hinweisen.
- Arbeitsergebnisse herbeiführen und dokumentieren.
- Terminabsprachen, Aufgabenverteilung, Entscheidungen herbeiführen.

> *Der Leiter ist nicht der Oberlehrer und notorische Besserwisser.*
>
> *Er muss nicht jeden Beitrag kommentieren, werten und verbessern!*

Der Leiter ist nicht der Oberlehrer und notorische Besserwisser. Er muss nicht jeden Beitrag kommentieren, werten und verbessern!

Eine gute Vorbereitung ist der halbe Weg zum Erfolg

Um was geht es?
Informeller Austausch, Entscheidungsfindung, Programmplanung, Aufgabenverteilung, Konfliktbearbeitung, Belehrung

Welche konkreten Punkte stehen an?
Punkte sammeln, notieren

Was sind die Zielsetzungen der Besprechung?
Erst wenn das Ziel grundsätzlich klar ist, kann über den Weg dorthin gesprochen werden.

Welche Punkte sind besonders wichtig, welche weniger?
Punkte ordnen, gewichten

Sind Termine oder Fristen zu beachten?

Reichen die Informationen über die zu besprechenden Themen aus?
Fehlt noch etwas?
Wie gut und genau sind die Informationen?
Muss noch ein »Fachmann« zur Besprechung eingeladen werden?

Stehen noch Themen von der letzten Besprechung offen und sollen dieses Mal besprochen werden?

Gibt es Punkte bei denen ein bestimmter Teilnehmer die Gesprächsleitung übernehmen soll?
Art des Anfangs und des Endes müssen festgelegt werden: Lied, Gebet, Andacht
Tagesordnung und Zeitplanung müssen vereinbart werden.
Bekommen die Teilnehmer die Tagesordnung einige Tage vorher zugeschickt?

Wer sind die Teilnehmer? Sind alle über den Termin informiert? Müssen einige »erinnert« werden?

Die Rahmenbedingungen checken:
> Raumfrage, Anzahl und Anordnung der Tische
> und Stühle, Heizung, Belüftung,
> Funktion der technischen Medien, Overheadprojektor,
> Tafel, Flipchart,
> Getränke, Gebäck

Die Durchführung einer Gruppensitzung

Begrüßung, Warming up

Besinnung auf die Hauptaufgabe:
> Gemeinde Jesu bauen (Das ist nicht nur die eigene Gruppe!)
> Wir sind Diener, hier gibt es keine Herren!
> Es geht nicht um unsere Privatinteressen!
> Es geht nicht um die Organisation,
> es geht um das Heil der einzelnen Menschen!

Hinweis auf die geistlichen Bezüge der zu behandelnden Punkte

Gebet: Bitte um Weisheit und Gottes Segen, um Einmütigkeit der Teilnehmer in den Zielsetzungen, um die Gesinnung Jesu untereinander im Streit um den besten Weg zu den gesteckten Zielen.

Verständigung über die Tagesordnung und »Spielregeln«; mit Wortmeldung? Art des Protokolls, Verlaufs- oder nur Ergebnisprotokoll?
Wie wird entschieden? Einfache Mehrheit? Geheim? Mit Handzeichen? Kopfnicken? Bedeutet kein Widerspruch automatisch Zustimmung?

Abarbeiten der einzelnen Punkte

Entscheidungen herbeiführen bzw. vertagen,
an besondere Arbeitsgruppe delegieren

Ergebnisse dokumentieren
Aufgaben verteilen
Termine festlegen
Termine zur »Wiedervorlage«, Berichterstattung und
Kontrolle der Durchführung der Beschlüsse vereinbaren.

Gruppenleiter, nicht vergessen!

- Denkpausen einlegen!

- Beiträge zusammenfassen!

- Vergewissern, ob alle über dasselbe sprechen!

- Die scheinbar Passiven aktivieren, direkt ansprechen!

- Die Überaktiven, die Vielredner mit Rednerliste und Zeitabsprachen bremsen!

- Keine Angst vor widersprüchlichen Standpunkten und heißen Diskussionen.

- Unterschiedliche Blickwinkel, offene Auseinandersetzungen sind wichtige Voraussetzungen für fundierte Entscheidungen!

- Konflikte sind nichts Böses! Es kommt nur darauf an, wie die Gruppe damit umgeht!

- Konflikte decken etwas Vorhandenes auf, klären, sind eine Chance für einen Neubeginn!

- Keine Selbstanklage! Für das, was in der Gruppe passiert, ist nicht allein der Leiter, sondern alle Teilnehmer der Besprechung sind mitverantwortlich!

12. Entscheidungen suchen –
Entscheidungen finden

Die Diskussion um ein Problem dreht sich im Kreis.
Pro und Kontra, die Kosten und Risiken bei Erfolg *und* Misserfolg wurden ausgiebig erörtert.
Keine gravierenden neuen Erkenntnisse sind zu erwarten. Die Fronten sind abgesteckt.
Die Zeit für eine Entscheidung ist reif.
Dauernd weiter diskutieren bringt meist nichts, ist nervig und kostet Zeit!

Es lassen sich nie alle Risiken und Folgen einer Entscheidung vorhersehen!
Nie wissen wir, ob wir alle Infos über das Problem besitzen und »richtig« bewerten.
Nicht die Menge der Informationen führt zwangsläufig zu guten Entscheidungen,
eher im Gegenteil. Der Überblick geht verloren.
Entscheidend allein ist, die wirklich wichtigen Informationen herauszufiltern!

Das Verlangen nach immer mehr Fakten über das Problem entspringt aus der Angst und dem Selbstzweifel.
Es gehört immer Mut und Risikobereitschaft dazu, eine Entscheidung zu treffen und öffentlich zu verantworten. Die entscheidenden Teilnehmer brauchen viel Weisheit und Vertrauen zu Gott. Es ist immer ein Geschenk der Gnade Gottes, die wirklich wichtigen Fragen zu einem Problem zu stellen und die Antworten richtig zu gewichten.

Nicht die Menge der Informationen ist für eine gute Entscheidungsfindung von Bedeutung. Allein entscheidend ist die Auswahl und Berücksichtigung der maßgeblichen wichtigen Informationen.
Weise ist der, der die richtigen Informationen auswählt und entsprechend bewertet.

Beginnen immer wieder einige Teilnehmer mit Diskussion über eine bestimmte Angelegenheit, ist abzuklären, ob sie eigentlich eine Entscheidung wollen. Drücken sie sich vor der Verantwortung oder haben sie ein anderes Anliegen?

Wird aus der Diskussion ein Disput und drohen die Emotionen überzulaufen, zieht der Leiter die Notbremse. Er fasst die verschiedenen Positionen zusammen, bringt sie auf den Punkt, bittet auch die zurückhaltenden Teilnehmer um eine Stellungnahme. Die Widersprüche werden sortiert und gewichtet.

Wo besteht Einigkeit, wo scheinbar unüberbrückbare Gegensätze? Kann die Entscheidung aufgeschoben und an eine kleine Arbeitsgruppe zur weiteren Klärung abgegeben werden?

Können zu konträre Teile ausgeklammert und separat vertagt werden, um doch zu einer Teillösung des Problems zu kommen?

»Wenn ich nicht mehr weiter weiß, gründ' ich einen Arbeitskreis« – durchaus probate Lösung für viele Gruppensituationen

Gedenkminute und Blitzlicht

Nicht nur zur Abkühlung erhitzter Gemüter ist eine »**Gedenkminute**« von großem Vorteil. Bei Durcheinander, Ratlosigkeit, vor einer schwerwiegenden Entscheidung nimmt sich die Gruppe eine bestimmte Zeit zum stillen Nachdenken und Beten. Die Teilnehmer können sich über ihre Gefühle klar werden. Die innerlich stark Aufgewühlten regen sich ab und werden nüchterner. Die kühlen Denker können auf Emotionen eher eingehen (auch auf ihre eigenen). Diese »Auszeit« wird mit einer Runde ohne Diskussion (**Blitzlicht**) abgeschlossen. Das ist keine »Probeabstimmung«, sondern jeder teilt mit, wie er die augenblickliche Situation empfindet und welches weitere Vorgehen er vorschlägt.

Leitfragen hierzu: Wie geht es mir jetzt?
Und wie soll es jetzt weitergehen?

Vorsicht, Falle!

Ein offener ehrlicher Schlagabtausch von Argumenten ist für viele Christen ein Problem. Sie haben Angst, den anderen direkt zu verletzen und offensichtlich lieblos zu handeln. Sie sind konfliktscheu, stechen nicht selten aber lieber heimlich zu. Ungeschriebenes Gesetz ist oft: »*In Gruppen von echten Christen gibt es keine Konflikte, keine widersprüchlichen Ansichten und Interessen! Die Liebe deckt alles zu!*«

Ab und an geht es sogar noch bis in die unterste Schublade: In harmoniesüchtigen Gruppen ist eindeutiger Widerspruch zur scheinbaren Gruppenmeinung dann vom Teufel. Konflikte sind böse. Wer mehrfach widerspricht oder wiederholt bohrende Fragen stellt, ist vom Konfliktgeist besessen. Das Feindbild ist klar, Ziele und Wege eindeutig, Zweifler sind unerwünscht.

Gute und tragfähige Entscheidungen kommen zustande, wenn Alternativen durchdacht und abgewogen werden. Die Mitglieder nicht-streitfähiger Gruppen stehen in der Gefahr, sich in der Einschätzung von Risiken gegenseitig emotional hochzuschaukeln und so schnell zu extremen Entscheidungen zu kommen. Sie überschätzen leicht ihre Fähigkeiten. Sie bestätigen sich in ihren Vorurteilen und Meinungen und haben ein eingeengtes Gesichtsfeld.

Ist dem Leiter der Besprechung die übertriebene Harmoniebedürftigkeit der Teilnehmer bekannt, sollte er einige aus der Gruppe konkret beauftragen, zu jedem Vorschlag mindestens einen Gegenvorschlag zu entwickeln.

Wer entscheidet –
der Heilige Geist, die Mehrheit, die Kopfnicker ?

Über was soll genau entschieden werden?
  Genau formulieren!
  Gemeinsames Verständnis der Fragestellung überprüfen!

Ist der anwesende Personenkreis laut Gemeindeordnung befugt, eine bindende Entscheidung in der anstehenden Sache zu treffen? Gibt es Vorgaben über das Verfahren?

Welche Form der Entscheidungsfeststellung entspricht der Bedeutung des anstehenden Problems:
Geheime Abstimmung? Handzeichen?
Konsens? Einfache oder Zweidrittel-Mehrheit? Wird Schweigen als Zustimmung gedeutet?

Zum Verfahren

Varianten:

Kein festes Verfahren.
Mal so, mal so. »Dem Heiligen Geist soll nicht vorgegriffen werden«, anders formuliert: Die Leitung bestimmt das Verfahren nach Gutdünken. Ein solches Verfahren ist nicht transparent und schafft Misstrauen.

Der Leiter entscheidet.
Er ist kompetent. Ihm wird vertraut.
Kann gut gehen, aber: Wenn ein Antrag auf Abstimmung als ein Misstrauensantrag empfunden wird, welches die Autorität der Leitung untergräbt, ist der Bogen überspannt.

Abstimmungsergebnis von 100 %

Nur einstimmig gefällte Entscheidungen sind richtig! Stimmen nicht alle zu, gilt das als Ablehnung.

Ist so ein Ergebnis zu erwarten, wird meistens versucht, das entsprechend der Interessenlage bereits im Vorfeld abzuklären.

Einfache Mehrheit

Die einfache Mehrheit entscheidet. Bei Patt gibt die Stimme des Leiters den Ausschlag.

Konsens

Keine Abstimmung, es darf nur einmütige Entscheidungen geben! Es wird solange verhandelt bis sich alle auf eine tragfähige Entscheidung geeinigt haben. Im Ziel sind sich alle einig. In einigen Punkten können Differenzen bestehen bleiben. Um das Ganze aber nicht zu gefährden, akzeptieren alle den Beschluss und setzen sich für die Umsetzung ein.

In bestimmten Fällen gibt die »Minderheit« eine eigene Stellungnahme ab und begründet, warum sie die Entscheidung doch mitträgt.

Kommt die Einmütigkeit nicht zustande, ist die Zeit für die Entscheidung noch nicht reif. Das Problem wird auf Eis gelegt.

Nach der Abstimmung

- Es geht nicht ums Rechthaben!

- Die vermeintlichen »Verlierer« sollen ermutigt werden, die Entscheidung mitzutragen!

- Die scheinbaren »Sieger« sollen an ihre Verantwortung für die getroffene Entscheidung erinnert werden!

---

nach Sprüche 21,31:

Rosse werden gerüstet zum Tage der Schlacht, aber der Sieg (und die Niederlage) kommt vom Herrn!

13. Übungen

Interaktionsübungen, Rollenspiele können immer nur unter bestimmten Voraussetzungen eingesetzt werden. In der Gruppe muss ein gewisses Maß an Vertrauen da sein. Niemand darf zu etwas gezwungen werden. Will jemand nicht mitmachen, so ist das okay und darf niemals dramatisiert werden. Es braucht immer seine Zeit und Gewöhnung bis Gruppenmitglieder sich auf Interaktionsübungen einlassen. Nur positive Erfahrungen können sie überzeugen und ihnen helfen, ihre Ängste abzubauen.

Bei der Auswertung der einzelnen Übungen gilt es immer, sehr behutsam vorzugehen. Interpretationen von Verhalten und Äußerungen müssen möglichst immer auf ihre Richtigkeit überprüft werden. Der Beobachter schildert seine Wahrnehmung und Deutung. Der Beobachtete kann dann die Deutung bestätigen oder korrigieren. Wer auf dem Stuhl sitzend seine Hände unter die Oberschenkel steckt, muss nicht total verklemmt sein; vielleicht hat er auch nur kalte Hände und will sie wärmen.

In einer vorsichtigen Auswertung der Übungen, können die Gruppenmitglieder gemeinsam wichtige Erkenntnisse über sich und ihr Kommunikationsverhalten gewinnen und gegebenenfalls Veränderungen herbeiführen.

Blitzlicht (»Befindlichkeitsrunde«)

Im Gespräch in der Gruppe geht es nicht voran. Die Lage ist unübersichtlich. Eine miese Stimmung kommt auf. Gereiztheit greift um sich. In unklaren Situationen, wenn ein solches Gewitter heranzieht, kann ein Blitzlicht äußerst hilfreich sein und in der Gruppe wieder für Klarheit sorgen. Da Dissonanzen nicht ihren Ursprung auf der Sachebene sondern auf der Gefühls- und Beziehungsebene haben, bekommen die Teilnehmer Zeit und Gelegenheit, sich über ihren augenblicklichen Gefühlszustand klar zu werden und ihn in Worte zu fassen.

Nacheinander, reihum oder wie jeder möchte, nimmt jeder Stellung zu der gestellten Frage:

Wie geht es dir jetzt? Wie fühlst du dich? Was bewegt dich?
Die anderen hören »nur« zu! Kein »Ah«, »Das tut mir aber Leid«, »Das verstehe ich nicht«. Kein Kommentar! Keine Diskussion! Keinerlei Wertung! Unter Umständen stellt der Leiter sachliche Rückfragen oder hilft sehr zurückhaltend bei der Wortfindung mit. Das Blitzlicht kann nur die erwünschte Wirkung haben, wenn der Leiter konsequent für die Einhaltung der Regeln eintritt. Die Teilnehmer müssen sich sicher fühlen, um frei, offen, ehrlich ihre Befindlichkeit der Gruppe mitteilen zu können. Werden Einzelne wegen ihrer Gefühle und Wertungen zur Rede gestellt und müssen ihre Gefühlslage rechtfertigen, macht das Blitzlicht keinen Sinn. Nach dem Blitzlicht und einer Besinnungspause kann die Gruppe sich dann auf eventuelle Veränderungen verständigen, wie es weitergehen soll.

Redestein

Beim Blitzlicht oder anderen Gesprächsrunden hat sich der Redestein bestens bewährt. Als Redestein dient ein interessanter handlicher Gegenstand, z.B. ein Ei aus Speckstein. Dieser Stein wird in der Runde weitergegeben. Nur derjenige, der den Stein in der Hand hält, hat das Rederecht. Die anderen hören »nur« zu. Je nach Vereinbarung dürfen Verständnisfragen gestellt werden. Der Steinbesitzer kann kurze Denkpausen einlegen, ohne sofort gefragt zu werden: »Bist du nun fertig?« Erst wenn er wirklich ausgeredet hat, gibt er den Stein weiter oder legt ihn in die Mitte. Dort kann sich der nächste Redner den Stein nehmen. Kreist der Stein in der Runde und ein Teilnehmer ist noch nicht zu einer Stellungnahme bereit, gibt er den Stein einfach kommentarlos weiter. Wenn er möchte, kann er sich später dann noch einmal den Stein geben lassen. Diese Methode hilft auch den Stillen in der Gruppe, das Wort zu ergreifen. Sie müssen nicht um Gehör kämpfen, sie haben die Sicherheit, nicht unterbrochen zu werden. Auch können die anderen nicht sofort über sie herfallen und in Grund und Boden stampfen. Hilfreich ist der Redestein nur, wenn die Spielregeln eingehalten werden.

Körpergefühle ausdrücken

Denken allein macht müde!
Motivation, Begeisterung, Power, Energie, Lust, Frust, Laune
kommt aus dem Bauch.
Was geht in den Teilnehmern vor. Was empfinden sie?
Durch körperliche Bewegungen und/oder Geräusche drücken die
Teilnehmer ihren augenblicklichen Gefühlszustand aus. Beispiele:
Klatschen/Beifallklatschen laut – leise, schnell – langsam
Trampeln mit den Füßen
Lachen, Gähnen, Räuspern, Husten
Auf- und Hinsetzen, auf einen Tisch klettern
Sich hinstellen oder hinsetzen als pantomimischer Ausdruck, wie
ich mich fühle; Statue, Denkmal, Pose einnehmen

Aktives Zuhören

Der Zuhörer signalisiert dem Erzähler starkes Interesse daran, was
dieser sagt und fühlt. Dieses Interesse bringt er aktiv körperlich
und sprachlich zum Ausdruck. Der Zuhörer
signalisiert dem Erzähler, ich will dich verstehen, begreifen und nachempfinden,
was du denkst und fühlst, du bist mir
wichtig, dir gehört jetzt meine volle Auf-
merksamkeit. Es geht jetzt nur um dich
und um das, was du meinst. Er wendet
sich dem Erzähler zu. Er sucht den Blickkontakt und zeigt durch bestätigendes
Kopfnicken, dass er ganz dabei ist.

Zuhören ist eigentlich keine große Kunst. Es ist mehr eine Frage der Einstellung dem Gesprächspartner gegenüber. Zuhören kann gelernt und durch Übung verinnerlicht werden, wenn man will!

Entsprechend diesen Vorgaben urteilt und
bewertet der Zuhörer nicht das Gehörte. Er
fasst zusammen, stellt Klärungsfragen, vergewissert sich, ob er
die Gefühle des Erzählers und seine Aussagen richtig verstanden
hat. Wenn Zeit und Raum dafür da ist und der Erzähler es
wünscht, äußert der Zuhörer seine Sicht der Dinge als Ich-Botschaft.

Zuhören ist eigentlich keine große Kunst. Es ist mehr eine Frage der Einstellung dem Gesprächspartner gegenüber.
Zuhören kann gelernt und durch Übung verinnerlicht werden, wenn man will!

Übungen:

Jeder, der das Wort ergreift, muss erst den Beitrag des Vorredners zusammenfassen

Wenn es in einer Diskussion durcheinander zugeht, wenn bei einem Gespräch über einen Text (Bibelarbeit) jeder nur darauf bedacht ist, seine Meinung loszuwerden und auf vorangegangene Beiträge keinen Bezug nimmt, kann folgende Spielregel die Qualität des Gesprächs entscheidend verbessern:
Jeder, der das Wort ergreift, muss erst den Beitrag des Vorredners zusammenfassen, darauf eingehen und nach Möglichkeit mit seinem Beitrag verknüpfen. Erst danach kann er neue Aspekte einbringen.
So ist weitgehend gewährleistet, dass jeder Beitrag gehört, vernetzt und gewürdigt wird.

Genaues Zuhören und Eingehen auf den anderen

Der Leiter gibt ein für die Teilnehmer interessantes Thema vor. Die Mitglieder bilden Dreiergruppen.
Die Teilnehmer A und B tauschen sich über das Thema aus. Jeder muss erst das Gehörte zusammenfassen, erst dann äußert er sich zum Thema. Mitglied C beobachtet. Nach ca. 5 Min. Wechsel.

Aktiv zuhören

Nicht als Pingpong-Gespräch, sondern A erzählt und B hört aktiv zu. Ohne Verfälschung, ohne Wertung und Interpretation fasst er die Beiträge von A zusammen. Er stellt Verständnisfragen und sagt, welche Gefühle er bei A wahrnimmt.
C beobachtet, wie B die Aufgabe ausführt, und teilt diesem am Ende seine Eindrücke mit.
Wechsel nach 5-10 Minuten.

»Schlechtes« Zuhören spielen

Es werden Dreiergruppen gebildet. A erzählt B von einem Erlebnis, B demonstriert schlechtes Zuhören. Er schaut weg, langweilt sich offensichtlich, kramt in der Tasche, stellt unpassende Fragen etc. C beobachtet und schildert am Ende seine Eindrücke. Wechsel nach 5-10 Min.

Das Beziehungsgeflecht innerhalb einer Gruppe darstellen

Wo ist mein Platz in der Gruppe?

Die Gruppenmitglieder gehen im Raum umher und suchen den Platz, an dem sie sich im Bezug auf die anderen Teilnehmer hingehörig fühlen. Diejenigen, die sich zum harten Kern der Gruppe zählen, werden sich zusammenstellen und die Außenseiter finden ihren Platz mehr am Rande.
Wenn jeder seinen Platz gefunden hat, schauen sich alle um und jeder, der möchte, erklärt seine Platzwahl.

Gruppenfoto

Die Gruppenmitglieder stellen sich zum Gruppenbild auf. Steht das Bild, erklären die Teilnehmer, warum sie gerade hier stehen und ob sie sich dort wohlfühlen.

Ein Teilnehmer stellt die Gruppe zum Foto auf

Ein Teilnehmer stellt die Gruppe für ein Foto auf, ordnet sich dann selbst ein und erklärt die Aufstellung.

Bild von der Gruppe malen

Die Gruppenmitglieder malen ein Bild von der Gruppe. Es ist freigestellt, ob als »Foto«, als Tiere im Zoo, wie auch immer. Wichtig ist es den Teilnehmern zu vermitteln, es geht nicht darum, ein schönes Bild zu malen, sondern um die Beziehungen untereinander bildhaft darzustellen. Jeder erklärt sein Bild und beantwortet Fragen dazu.

JA – NEIN Stellung beziehen

Alle Gruppenmitglieder werden »gezwungen«, zu einer bestimmten Frage Stellung zu beziehen.

Der Raum wird in zwei Hälften geteilt, in der Mitte ein Strich gezogen. Ganz rechts außen bedeutet JA, ganz links außen NEIN, in der Mitte unentschieden JEIN. Der Gruppenleiter stellt eine eindeutige Frage. Die Teilnehmer nehmen ihre Position ein. Antwortet einer ganz entschieden mit JA, stellt er sich ganz rechts außen hin. Ist jemand unschlüssig, wird er auf dem Strich oder bei etwas Nein oder etwas JA Stellung beziehen. Steht jeder an seinem Platz besteht die Möglichkeit auch mündlich Stellung zu beziehen: »*Ich stehe hier, weil ...*«

Wichtige Spielregel: Keine Diskussion! Keine Rückfragen!
Keine Wertung!

Hat der Leiter keine Fragen mehr, können auch Teilnehmer Fragen an die Gruppe richten. Machen die Teilnehmer mit, erhält die Gruppe in wenigen Minuten ein echtes Meinungsbild der Gruppe über eine bestimmte Frage.

Kartenabfragen

Bei größeren Gruppen lässt sich mit dieser Methode sehr schnell ein Meinungsbild sichtbar machen:

Jeder Teilnehmer erhält drei Stimmkarten

z.B. Rot = positiv JA;
Gelb = neutral, unentschieden;
Blau = negativ NEIN.

Der Leiter oder Antragsteller formuliert eine genaue Frage, die Teilnehmer ziehen ihre Karte. Sofort kann jeder die Bewertung der Gruppe sehen.

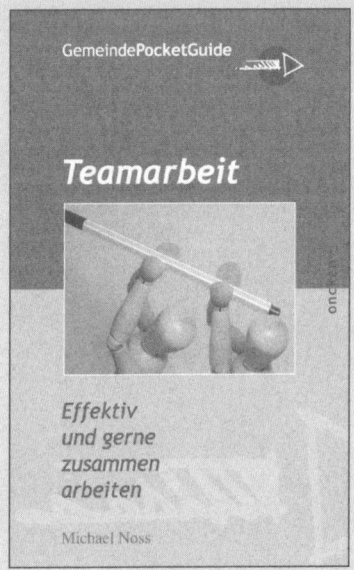

Michael Noss

Teamarbeit

Effektiv und gerne zusammen arbeiten

96 Seiten, kartoniert, Format: 10,5 x 16,5 cm, Bestell-Nr. 627 430

Dieser Pocket-Guide zeigt Ihnen, wie Sie mit Ihren Mitarbeiten zu einem wirklich starken Team werden können!

Wie Sie ein gutes Team bilden. – Wie Sie ein guter Teamleiter werden. – Wie Sie das Team in Bewegung setzen. – Warum Ziele wichtig sind und wie Sie sie finden. – Wie Sie die Kommunikation im Team verbessern.

ONCKEN VERLAG WUPPERTAL UND KASSEL

Peter Edwin Brandt

Rhetorik

Wirkungsvoll und glaubwürdig reden

96 Seiten, kartoniert, Format: 10,5 x 16,5 cm, Bestell-Nr. 627 433

Dieser Pocket-Guide zeigt Ihnen, wie Sie eine gute Botschaft überzeugend und glaubwürdig ausdrücken können!

Wie Sie sich auf die Zuhörer einstellen. – Wie Sie sich hörergerecht vorbereiten. – Wie Sie Glaubwürdigkeit statt Perfektion erreichen. – Wie Sie schwierige Situationen meistern.

ONCKEN VERLAG WUPPERTAL UND KASSEL

Klaus Douglass

Motivieren

Sich selbst und andere begeistern

96 Seiten, kartoniert, Format 10,5 x 16,5 cm, Bestell-Nr. 627 432

Dieser Pocket-Guide zeigt Ihnen, wie Sie sich selbst und Ihre Gemeinde für wichtige Ziele begeistern können!

Wie Sie sich selbst motivieren. – Wie Sie für sich sorgen und sich auf Ihre Stärken konzentrieren. – Wie Sie andere motivieren. – Wie Sie Menschen aufbauen. – Welche Grundregeln der Motivation Ihnen zu positivem Handeln verhelfen.

ONCKEN VERLAG WUPPERTAL UND KASSEL